錢穆作品精華

中國思想通俗講話

錢穆

三民書局

錢穆作品精萃序

錢穆先生身處中國近代的動盪時局，於西風東漸之際，毅然承擔起宣揚中華文化的重任，冀望喚醒民族之靈魂。他以史為軸，廣涉群經子學，開闢以史入經的嶄新思路，其學術成就直接反映了中國近代學術史之變遷，展現出中華傳統文化的輝煌與不朽，並撐起了中華學術與思想文化的一方天地，成就斐然。

三民書局與先生以書結緣，不遺餘力地保存先生珍貴的學術思想，希冀能為傳揚先生著作，以及承續傳統文化略盡綿薄。

自一九六九年十一月迄於一九九一年十二月，二十多年間，三民書局總共出版了錢穆先生長達六十餘年（一九二三～一九八九）之經典著作——三十九種四十冊。茲序列書目及本局初版日期如下：

中國學術思想史論叢(八)……（一九八〇年三月）
湖上閒思錄……（一九八〇年九月）
人生十論……（一九八二年七月）
古史地理論叢……（一九八二年七月）
八十憶雙親・師友雜憶（合刊）……（一九八三年一月）
宋代理學三書隨劄……（一九八三年十月）
中國文學論叢……（一九八三年十月）
現代中國學術論衡……（一九八四年十二月）
秦漢史……（一九八五年一月）
中華文化十二講……（一九八五年十一月）
莊子纂箋……（一九八五年十一月）
朱子學提綱……（一九八六年一月）
先秦諸子繫年……（一九八六年二月）
孔子傳……（一九八七年七月）
晚學盲言（上）（下）……（一九八七年八月）

中國歷史研究法……（一九八八年一月）
論語新解……（一九八八年四月）
中國史學發微……（一九八九年三月）
新亞遺鐸……（一九八九年九月）
民族與文化……（一九八九年十二月）
中國思想通俗講話……（一九九〇年一月）
莊老通辨……（一九九一年十二月）

二〇二二年，三民書局以全新設計，將先生作品以高品質裝幀，隆重推出珍藏精裝版，沉穩厚實的木質色調書封，搭配燙金書名，彰顯國學大家的學術風範，並附贈精美藏書票，期能帶領讀者重回復古藏書年代，品味大師思想精髓。

謹以此篇略記出版錢穆先生作品緣由與梗概，是為序。

三民書局
東大圖書 謹識

增訂版補記

《中國思想通俗講話》成於民國四十四年，此書限於講演，共分「道理」、「性命」、「德行」、「氣運」四題，其他不及稱引。目盲以來多瞑想，十年前欲重印此書又撰〈中國思想通俗講話補篇〉一文，內涵「自然」、「自由」、「人物」、「心血」、「味道」、「方法」、「平安」、「消化」八題。後因故未及重印。民國七十六年應《動象雜誌》索稿，又檢拾積年隨筆劄記十二條附入此補篇一文內。先後體例雖有不同，要皆有助讀者自為引申思索。今此書即將重版，特此說明。

中華民國七十八年九月錢穆補記於外雙溪之素書樓

自序

思想必然是公共的，尤其是所謂時代思想，或某學派的思想等，其為多數人的共同思想，更屬顯然。凡屬大思想出現，必然是吸收了大多數人思想而形成，又必散播到大多數人心中去，成為大多數人的思想，而始完成其使命。此少數之思想家，正所謂先知先覺，先得眾心之所同然。然後以先知覺後知，以先覺覺後覺，以彼少數思想家之心靈，發掘出多數心靈之內蘊，使其顯豁呈露，而闢出一多數心靈之新境界。某一時代思想或學派思想，其影響力最大者，即其吸收多數人之思想者愈深，而其散播成為多數人思想者愈廣，因此遂成其為大思想。

若思想脫離了大眾，僅憑一二人戛戛獨造，縱或深思密慮，窮搜冥索，或於書本文字上闡述陳說，或於語言辯論上別創新解，或就個人會悟提出獨見，或從偏僻感觸引申孤詣，只要是脫離了群眾，既非從大多數人心裏出發，又不能透進大多數人心裏安頓，此等思想，則僅是少數人賣弄聰明，炫耀智慧，雖未嘗不苦思力探，標新懸奇，獲得少數聰明智慧、喜賣弄、愛炫耀者之學步效顰，但其與大多數人心靈，則渺無交涉。則此等思想，仍必歸宿到書本上，言語上，流行於個別偏僻處，在思想史上決掀不起大波瀾，決闢不出新天地。

余居常喜誦《中庸》，尤愛玩誦其如下所說：「君子尊德性而道問學，致廣大而盡精微，極高明而道中庸，溫故而知新，敦厚以崇禮。」竊謂惟德性乃大眾之所同，人人具此性，人人涵此德，問者即當問之此，學者亦當學於此。只有在大眾德性之共同處，始有大學問。只有學問到人人德性之愈普遍處，始是愈廣大。老子曰：「同謂之玄，玄之又玄，眾妙之門。」亦只有在愈廣大處，纔見得愈精微。若所見粗疏，則據於一隅，不能盡廣大之量。不能盡廣大之量，則彼此之間不能無異同。於是則敵論競起，互相角立，僅足以相爭，而不足以相勝。大則如吳晉爭霸，小則如滕薛爭長。各有所見，亦各有所蔽，各有所長，亦各有所短，其病在於不能致廣大。若求致廣大，則必盡精微。惟有精微之極，始是廣大之由。誠使大多數人心靈同歸一致，盡以為是，此必無多言說，無多疑辨，無多創論，無多孤見。當知能如此說，雖若粗疏，而實盡精微之能事。凡求於言說中樹孤見，於疑辨中闢新論，貌若精微，而實則粗疏。

南宋陸復齋所謂「留心傳注翻榛塞，著意精微轉陸沈」，即對此等離開廣大心靈，拘泥文字言說，而刻意求精微者施針砭。惟致廣大而盡精微者，乃始為高明。此高明乃得學問之極於精微來，而此學問之所以極於精微，則從體悟到廣大德性之玄同中來。故真高明者，必轉近於廣大之德性，更易為廣大心靈所瞭解，所接受，而後此高明之思想，遂易領導群眾於實踐，故曰「極高明而道中庸」。人人能知，人人能行，此始為中庸之道，此乃本於廣大德性內在之所同趨，所以得成其為高明之極。而此則必其人之學問，到達於極精微處，而始可得之。決非弄聰明，炫智慧，好為孤明獨見者所能。

然則學問即學於此群眾，問於此群眾，而群眾所同，則遠有承襲，自古已然。故必溫於故而可以知新，非離於古而始可以開新。不離於群眾，斯不離於往古，此之謂敦厚。敦厚故不炫孤知而崇於禮，禮即大群之習俗公行，自往古一脈相傳而積襲以至於今。雖有變，而不失其常。雖有歧，而不失其通。惟此乃廣大心靈之所同喻而共悅，亦廣大德性之所同趨而共安。《易大傳》則曰：「知崇禮卑，崇效天，卑法地。」禮以卑為用，所謂卑之毋甚高論，使為易行。若論高則與世俗相違，人人驚竦，認為高論。然論高而難行。難行則與眾何涉。與眾無涉則決非敦厚之道。若使人驚於知而不相敦厚，則風薄而世衰。社會大眾共受其苦，然則又何貴而有此大知識，有此大思想？故天之崇，非以其隔絕於萬物，乃以其包涵有萬物。聖知之崇，亦非以其隔絕群眾，乃以其即學問於群眾，以其包涵有群眾之廣大德性而又得其共同之精微。故《中庸》之崇禮，乃崇於群眾，崇於習俗，崇於往行，乃以高明而崇於卑暗者。

群眾乃指夫婦之愚，若不知有所謂思想，不知有所謂理論，不知有所謂疑辨，不知有所謂發明。然群眾雖卑，飲食男女，蹈常襲故，而共成其俗，共定於禮。禮由群眾來，由群眾之蹈常襲故來，由群眾之德性之所好所安來。聖知特達，不當忽視於此。聖知特達，則必尊於德性，致其廣大，以此為學問，於此獲精微，乃以躋於高明，而終不違於中庸，此之謂溫故，此之謂崇禮。故得日新其知，而終以成其敦厚。故曰：「舜其大知也歟！舜好問，而好察邇言。」又曰：「君子之道，譬如行遠，必自邇。譬如登高，必自卑。」又曰：「誠者，天之道也。誠之者，人之道也。」「自誠明，謂之性。自明誠，謂之教。」「惟天下至誠，為能盡其性。」「至誠之道，可以前知。」聖人雖有大知，而群眾亦可以前知。此所謂前知，乃前於聖人之知而即己知。群眾非真有知，特群眾有誠，其誠出於天，本於性，故聖人出於群眾中，此即自誠而明，屬天道。聖人尊群之德性，致極於群之廣大，而學問焉，而造於精微，成於高明。高明之極，而仍不離於中庸，仍不違於夫婦之愚。而聖人之知，則可以通天心，達天德，而還以成其天，此之謂由明誠，屬人道。大哉此道，此則所謂中庸之道。

惟其中國傳統，特重此中庸之道，故中國傳統思想，亦為一種中庸思想。此種思想，則必尊德性，致極於人性之廣大共通面，溫故而崇禮。明儒王陽明所倡「知行合一」之學，殆為真得中國傳統思想之精義。此亦可謂之中庸之學。中庸之學，造端乎夫婦，而察乎天地。本諸身，徵諸庶民，考諸三王而不繆，建諸天地而不悖，質諸鬼神而無疑，百世以俟聖人而不惑。極其所至，既知天，又知人。聰明睿知，而又寬裕溫柔。何以故？道不離人，亦學不離人。

竊嘗本此意，研尋中國傳統思想，知其必本諸身，徵諸庶民，考諸三王。考諸三王則治史。徵諸庶民，則潛求博求之社會之禮俗，群眾之風習。本諸身，則躬行體驗，切問近思。乃知中國傳統思想，不當專從書本文字語言辯論求，乃當於行為中求。中國傳統思想乃包藏孕蘊於行為中，包藏孕蘊於廣大群眾之行為中，包藏孕蘊於往古相沿之歷史傳統，社會習俗之陳陳相因中。此行為而成為廣大群眾之行為，而成為歷史社會悠久因襲之行為，則惟以其本於天性，通於天德，故可以建諸天地而不悖，質諸鬼神而無疑。千百世之上有聖人出，此心同，此理同。千百世之下有聖人出，此心同，此理同。故可以百世以俟聖人而不惑。聖人固非生而知之，乃好古敏求以得之。聖人無常師，三人行，則必有吾師。大群眾之中庸，即聖人之師。大群眾之思想，即成為聖人之思想。惟大群眾不自知，而聖人則學問於大群眾而知之。亦惟此乃成為大知識，亦惟此乃成為大思想。

去暑在臺北，曾作為系統講演凡四次，初名「中國思想裏的幾個普泛論題」。原意在拈出目前中國社會人人習用普遍流行的幾許觀念與名詞，由此上溯全部中國思想史。由淺入深，即憑眾所共知共喻，闡述此諸觀念諸名詞之內在涵義，及其流變沿革，並及其相互會通之點，而藉以描述出中國傳統思想一大輪廓。所謂禮失而求諸野，誠使一時代，一學派之思想，果能確然有其所樹立，犂然有當於當時之人心，沛然流行而莫之能禦，則雖其人與言而既往矣，而其精神意氣之精微，殆必有深入於後世之人心，長留於天壤間，而終不可以昧滅者。以人事冗雜，越秋至於冬杪，始獲少閒暇。乃就當時講演錄音，重加整理，粗有潤色，易以今名為《中國思想通俗講話》，集成一冊，先刊以問世。

然我不知，我此書所講，其果能有所窺於人群德性之大同之深在者有幾，其果能有所當於廣大人群之所共喻而共悅者又有幾。其自所學問之途轍，果能由以達於精微之境，而稍可以冀於高明之萬一者又有幾。此皆我個人學力所限，不敢自知。然我終不敢違越於往古聖人敦厚崇禮之教，終不敢鄙蔑於往古聖人所示溫故學問之功，雖曰未逮，亦我私志日常之所勉。

此四次講演之所及，則仍限於抽象理論之闡發。至於具體落實，更就歷史社會種種實象，作更進一層之發揮與證明，以求盡竭乎吾胸中所欲說，則當俟生活有閒，精力有賸，別舉論題，繼此闡釋，續撰第二第三編，以足成吾意。故此冊則暫名第一編，先以呈請於當世通人君子之教正。

舊曆甲午歲盡前兩日錢穆自序於九龍嘉林邊道新亞研究所

中國思想通俗講話

目次

前言

諸位先生，我這一次得有機會，向諸位作一番有系統的講演，甚為高興。我的講演，將連續四次，分成四個講題。綜合起來，暫定一總題，名為「中國思想裏的幾個普泛論題」。讓我先略一申說所謂「中國思想」一語之涵義。講到思想，有指個別而言，如孔子思想，王陽明思想等。亦有指共通而言，如中國思想，印度思想等。

人類思想之開始，本都是共通的。如餓了想吃，渴了想飲，冷了想穿衣服。但後來漸趨分歧，如米食和麥食便分成兩途，有些人在想如何烤麵包，有些人在想如何煮米飯。飲也如此，有人在想如何製咖啡，有人在想如何焙茶葉。衣也如此，有人在想如何養蠶織絲，有人在想如何牧羊織毛。

人類思想，如此般的分歧演進，今天我們所講，固不是煮米飯和織蠶絲的問題，但所講儘屬抽象，而仍有其共通性。所謂中國思想者，則是在人類思想大共通之下之一個小區別。而就孔子思想以及陽明思想等而言，則所謂中國思想，仍是一共通性。

講思想，又必注意其聯貫性。換言之，思想必有其傳統。這一時代的思想，必在上一時代中有淵源，有線索，有條理。故凡成一種思想，必有其歷史性。而講思想，則必然該講思想史。

人類行為，必受思想之指導。惟其思想有傳統，有條理，人類行為始能前後相繼，有其持續性。此種行為之持續性，我們則稱之為乃一種歷史精神。歷史精神也有其共通性，而仍不能不有其相互之分歧性。此種分歧，遂形成了人類歷史上各民族文化之各別性，即特殊性。在各民族中，則又有其各時代之特性。於分歧中見共通，在共通中又有分歧。所謂中國思想，則就中國民族各時代思想之分歧中，來籀出其共通性，以見與其他民族思想之分歧處。

在任何一民族中，必有幾許共通的思想，貫澈古今，超越了時代，跑進了人人心坎深處，而普遍影響及於社會之各方面，成為這一社會所普遍重視，普遍信仰，或普遍探討的論題，幾乎成為一種口頭禪。我們或許對此項口頭禪，因慣常熟習聽聞，熟習引用，而忽略了，甚至昧失了其內涵之深義。但當知，此乃一民族共通思想之結晶體，惟有此項思想纔是活的，有力量的。一切思想分歧，都由此而演出。

今天我們處身在一大時代，在一思想鬥爭的時代中。我們該能開創我們時代所急切需要的新思想。但要開創時代新思想，我們該探討歷史上的傳統思想，因其積久埋藏蘊蓄在我們大群的心中，即在我們每一人的心中。它已演成了我們從來的歷史，它已不啻成為我們生命中一重要的核心。我們一切行為，在不知不覺中，大都由此演出，我們如何能不注意？我們該把握歷史傳統思想來開創我們時代的新思想，來完成我們時代的新使命。

我這四次講演，便是根據上述觀點來講中國思想裏的幾個普泛論題。此項論題，則必將是貫澈古今，而為每一時代之思想家所共同討論者。此項論題，則又必是滲透深入於現社會一般人之心中者。因此講思想史，即無異於是講現代思想，因其已埋藏蘊蓄在現代思想之心坎底裏，而有其深厚的生命，故為吾人所不得不注意探討與發揮，以求其適應於現時代之需要，而成為一番新思想。我因於時間限制，只分講四次，來舉例申述。

第一講　道理

一

今先講第一論題，即「道理」兩字。道理兩字，在中國社會，已變成一句最普通的話。我們可以說，中國思想之主要論題，即在探討道理。我們也可說，中國文化，乃是一個特別尊重道理的文化。中國歷史，乃是一部嚮往於道理而前進的歷史。中國社會，乃一極端重視道理的社會。中國民族，乃一極端重視道理的民族。因此中國人常把道理兩字來批判一切。如說這是什麼道理？道理何在？又如問，你講不講道理？這一句質問，在中國人講來是很嚴重的。又如說大逆不道，豈有此理，那都是極嚴重的話。道理二字，豈不是普遍存在於中國現社會人人之心中與口中，而為中國人所極端重視嗎？但中國人如此極端重視的所謂道理，究竟是什麼一種道理呢？這不值得我們注意來作一番探討嗎？

依照常俗用法，「道理」二字，已混成為一名，語義似乎像是指一種規矩準繩言。在中國人一般思想裏，似乎均認為宇宙（此指自然界）乃至世界（此指人生界），形上及於形下，一切運行活動，均該有一個規矩準繩，而且也確乎有一個規矩準繩，在遵循著。但此項規矩準繩的具體內容是什麼呢？我們人類的智識能力，又何從而認識此項規矩準繩呢？這正是中國思想史上所鄭重提出而又繼續不斷討論的一個大問題。

若我們進一步仔細分析，則「道」與「理」二字，本屬兩義，該分別研討，分別認識。大體言之，中國古代思想重視道，中國後代思想則重視理。大抵東漢以前重講道，而東漢以後則逐漸重講理。《宋史》有〈道學傳〉，而後人則稱宋代理學家。今天我們通俗講話，則把此兩字聯結起來，混成為一觀念。這正是兩三千年來中國思想家所鄭重提出而審細討論的一個結晶品。

二

現在依次先講「道」。道究竟指的是什麼呢？莊子說：「道行之而成。」這猶如說，道路是由人走出來的。唐代韓愈在〈原道篇〉裏說：「由是而之焉之謂道。」這是說，道指的由這裏往那以上述說了道字大義。何以說先秦思想重於講道呢？如《論語》《孟子》多言道，六經亦常言道，少言理。莊老也重言道，所以後世稱之為道家。但《莊子》書中已屢言理，惟《莊子》書中的理字，多見於外、雜篇。在內篇七篇，只有〈養生主〉「依乎天理」一語。若說《莊子》外、雜篇較後出，則理的觀念，雖由道家提出，而尚在晚期後出的道家。又如《韓非子・解老篇》：「道者，萬物之所然也，萬理之所稽也。」《管子・君臣篇》：「順理而不失之謂道。」上引兩語，都可歸入晚期道家。他們都提到理字，與道字並說，但理字的地位顯然在道字之下。

又如《易繫辭傳》：「易簡而天下之理得。」〈說卦傳〉：「窮理盡性以至於命。」乃及《小戴禮・樂記》：「天理滅矣。」此為經籍中言及理字之最要者。然《易傳》與《小戴記》本非正經，皆屬晚出，殆亦受道家影響。而後漢鄭康成注〈樂記〉「天理滅矣」一語，云：「理猶性也。」可見直至東漢儒家，他們心中，還是看重性，看重道，而理字的觀念，尚未十分明白透出，因此遂把性來解釋理。許叔重《說文解字》曰：「理，治玉也。」又謂：「知分理之可相別異也。」玉不琢不成器，玉之本身，自有分理，故需依其分理加以琢工。孔門儒家重人，不重天，故僅言道不言理。但到宋儒，乃亦重言理字，卻說「性即理」，纔開始把上引「理猶性也」一語倒轉過來，把理來解釋性。這是中國古代和後代人對理字的觀念看得輕重不同一個絕好的例證。此外如高誘《淮南子・原道訓》注，說：「理，道也。」《呂氏春秋・察傳篇》注，說：「理，道理也。」可見漢儒一般都對理字觀念不清楚，看得不重要，因此都把道來解釋理。但到宋儒則都把理來解釋道。

三

開始特別提出一「理」字，成為中國思想史上一突出觀念，成為中國思想史上一重要討論的題目者，其事始於三國時王弼。王弼注《易經》，說：「物無妄然，必有其理。」這是說宇宙間一切萬物，決不是隨便而成其為這樣的，宇宙萬物，必有其一個所以然之理。天地間任何一事物，必有其所以然，而決不是妄然的。妄然即是沒有其所以然之理，而隨便的成為這樣了。當知莊老亦只言自然，這一理字，乃經王弼特別提出，在《易經》本書中，並不曾如此說。即在《易繫辭傳》也只說：「一陰一陽之謂道。」又說：「形而下者謂之器，形而上者謂之道。」這是說宇宙間一切萬物，皆由陰陽之氣聚散分合，而纔有形象之萬殊。有形象的便謂之器，故器是形而下。至於那氣如何由陰轉陽，由陽轉陰，如何聚散分合，那些運行活動，則只是一項過程。過程是變動不居的，是去而不留的，是無形象可指的。因此說它是形而上，而此形而上者則是道。《易繫辭傳》只說到如此，而王弼卻於《易經》原有的道的觀念之外，另提出一理的觀念來，說宇宙萬物，各有它一個所以然之理。這是一個新觀點，而在後來的中國思想史上，卻演生出大影響。

王弼又接著說：「統之有宗，會之有元。故自統而尋之，物雖眾，則知可以執一御也。由本以觀之，義雖博，則知可以一名舉也。」這是說，宇宙間萬事萬物，既各有一個所以然之理，而萬事萬物又不勝其複雜，既是每一事物有每一事物之理，豈不理也成為很多很複雜嗎？但王弼的意思並不然。他說，事物之理好像很多很複雜，但若我們把它編排起來，會合起來，便成為一個元（即是同一的起始），一個宗（即同一的歸宿），由是纔見得宇宙萬事萬物，在其背後，有一個最原始最基本的理，為宇宙一切萬象所由生。這真是一番了不起的大理論，後來的中國思想家，遂多轉移目光，注意到這一問題上。

郭象注《莊子》，也說：「物無不理，但當順之。」以前道家著重在道字，故老子說：「道生之，德畜之。」又說：「人法地，地法天，天法道。」宇宙萬物皆生於道，故宇宙萬物皆當法於道，即依順於道。而郭象則說，宇宙萬物皆有理，故當依順於理。這在說法上，便有些不同。

王弼、郭象是魏晉時代的道家，其實已可說他們是新道家，與先秦莊老道家有不同。其次我們要提到稍後佛門中大和尚竺道生，即後代有名的生公。他也說：「理不可分，悟語極照，以不二之悟，符不分之理，謂之頓悟。」他說理不可分，這即是王弼所謂「統之有宗，會之有元」了。從前人只說求道明道，而竺道生則轉移重點來說悟理。他在佛法中驚天動地的「頓悟」之說，原來是根據於理不可分的觀點上。而後來在唐代的華嚴宗，又演變出事理無礙，事事無礙的理論來。

既是宇宙間每一事物之後面各有一個理，而那些理又是可以統宗會元，合一不分的，則自然可見事理無礙，甚至於事事無礙了。既是事理無礙，事事無礙，則何必有形上形下之分，又何必有入世出世之別？於是佛法便漸轉成世法，而開啟出後代宋儒的理學來。

宋儒稱為理學家，他們重視理的觀念，不問可知。所以朱子說：「合天地萬物而言，只是一個理。有此理，便有此天地，若無此理，便亦無此天地。」朱子這一番話，好像是重述了王弼意見，只是把王弼的文言翻譯成語體。若論其內容涵義，朱子、王弼之間，可說沒有大分別。所以朱子又說：「今日格一物，明日格一物，一旦豁然貫通，眾物之表裏精粗無不到，吾心之全體大用無不明。」朱子這一番話，又很像竺道生。格物雖是漸，而悟理則屬頓。惟其理一而不可分，所以有一旦豁然貫通之悟境，而眾物之表裏精粗可以無不到，吾心之全體大用可以無不明。試問朱子與竺道生所說，又有何甚大的分別呢？

所以理字觀念的提出，雖由先秦道家已開始，而直要到魏晉新道家，始發揮得精采。佛家也因把握了這一觀點而闡揚出新佛法，而後來的宋明儒，他們注重理字，顯已融進了道佛兩家觀點，因此造成了儒、釋、道三教合一的新儒學。

四

以上約略說明了東漢以上中國思想偏重在講道，魏晉以下中國思想偏重在講理，而簡單地舉出些實證。至於更詳細的證明，大家可向書本上自己尋求，我想是可以無需再多說了。

根據上述說法，我們若要和別人講道理，若要講我們中國人所傳統重視的道理，自然該懂得一些中國思想史的大概內容了。現在讓我再進一步，把此「道」、「理」兩字，根據中國傳統思想，來作一更細的比較。

道是行之而然的，即是要人走了纔有路，沒人走，即不成為是路。因此道是可以選擇的，如我愛向這邊走，你愛向那邊走。若有某一條路容易走得通，於是人人盡走向那一條，積而久之，這便成為大道了。因此大道是常然的，又可說是當然的。譬如吃飯後需休息，不休息常易發胃病，因此飯後休息是當然。因其當然而大家如此，則成為常然。至於理，則是一個所以然。為何生胃病？因其飯後不休息，這是所以然。既有所以然，便連帶有必然。飯後不休息，便必然會發胃病。此項所以然與必然，我們則說是理。所以道是教人該怎樣，理是告訴人必這樣。為何該這樣呢？因其是常常這樣的。可以說，常然之謂道。又可說，當然之謂道。而理則是必然這樣的。如二加二等於四，此之謂數理，但只能說是數之理如此，卻不能說它是數之道。又如基督教徒宣揚耶穌教言，我們稱之為傳道，稱之為播道，卻不能說是傳理或播理。可見即在今天常俗用語，「道」、「理」兩字，也分別得很清楚。

惟其理是事物之所以然，所以理應該先事物而存在。譬如二加二等於四，此是一數理，即在人類沒有明白這一數理之前，那項數理早該已存在。又如蘋果落地，此是一物理，我們又稱之為萬有引力之理，但在牛頓沒有發明出此萬有引力之理以前，那理也早該已存在。因此理也可說是本然的，而道則待人行之而始然，並不是本然。故二加二等於四，是數理。若我先有兩個，想湊成四個，則必再加上兩個，那種再加上兩個來湊成四個的行為與活動，則可說是道。所以道是須待行為而始完成的，因此道字的觀念裏，必然已加進了某種的事業行為與活動。至於理，則不需有事業，不需有行為與活動，而早已存在著。

因此道可以創造，孔子說：「人能弘道，非道弘人。」若沒有人的活動與行為，即就沒有道。既如此，道何能來弘大人，只是人在弘大道。淺言之，道路是由人開闢修造的，人能開闢修造一條便利人的道，故說人能弘道。但縱使有了這條道，若人不在此道上行，則仍等於沒有這條道，而這條道也終必荒滅了。所以說非道弘人。惟其如此，所以既說弘道，又說行道、明道、善道。總之，道脫離不了人事，脫離不了人的行為與活動。沒有道，可以闢一條。道太小，可以放寬使之成大道。道之主動在於人。

但理則不然，人只能發見理，發明理，卻不能創造理。從前人不懂飛機之理，現在給人發見了、發明了。但人最多也只能發明此飛機之理，並不能說人創造了飛機之理。因飛機之理，乃飛機之所以然，在沒有飛機以前，應該先已有了飛機之理之存在。人類只能依據此早已存在的飛機之理來創造出飛機，但人類不能因想造飛機，先創造一飛機之理。一切創造皆得依於理，不能於無理處創造出理來。因此，道是待人來創闢來完成的，其主動在於人。而理則先事物而存在，不待於人之創，其主動不在人。因此，理先在，一成不變。道創生，變動不居。這是道與理之間一很大的不同點。

再言之，理是規定一切的，道是完成一切的。求完成，不限於一方法，一路線，所以道屬於多，可以變。而規定一切的理，則是唯一的，絕對的，不變的。即就以茶或咖啡解渴之例來說，茶可以解渴，咖啡也可以解渴，所以或些地區喝茶，或些地區飲咖啡。解渴之道多端，儘可以不同，但論其所以能解渴之理則是一。茶與咖啡之所以能解渴，則有同一理存在。所以道雖多端，而理則一致。道雖可變，而理則前定。在人類未有發明茶與咖啡作為飲料之前，而如何始可以解渴之理則早已存在。人類發明了飲茶與喝咖啡之後，對於此項解渴之理之存在，則並沒有增添。在未發明茶與咖啡以前，對於此項解渴之理之存在，也並沒有減少。因此，理是不受搖動的，而道則是儘可變通的。只要合乎解渴之理，將來除卻茶與咖啡外，人類還儘可發明新飲料。惟其理是唯一的，絕對的，不變的，所以通常俗話也只說合理與不合理。簡言之，則只是對不對。合了便對，不合便不對。不合於解渴之理，即不解渴。不合於起飛之理，即不起飛。而道則可以多端，容許變通，所以我們通常也只說近於道，或遠於道，或說違道不遠，卻不說合道與不合道。

五

現在我們試再進一步，另換一方向講。理先事物而存在，唯一而不可變。我們雖不能創造理，卻能發見理，發明理。換言之，理則是可知的。因理既然早已在那裏，而且又是老在那裏而不變，因此我們今天容或不知有此理之存在，而慢慢地終可知。格物窮理之學，即由此而建立。而道則根本並不在那裏，尚有待於某一主動者之由行動來創出道，而道又可常常變，因此道屬不可知。譬如他渴了，你那能知道他必然會找到飲料，又那能知道他必然會喝茶而不飲咖啡呢？此又是理與道之間一絕大不同處。

上面說，理前定先在而可知，但人又何從來認識此先萬物而已存在已決定之理呢？其實此話也只是一理，在人類智識是無法認取此理而與以證實的。在人類，只認為宇宙間一切事物均有其所以然之理，在宇宙間，則並無無理而存在之事物，事物決不能無理而出現。既然事物出現，必然附有理，因此我們說理先事物而存在。若理不先事物而存在，豈不在宇宙間可以出現無理之事物？若此宇宙，容許有無理而出現而存在之事物，則此宇宙，可能有多角之圓形，可能沒有生而死，一切不可想像。明天的宇宙，可能變成一決不可知的宇宙，人類將不能一日安心居住在此宇宙間。將無處可用心，並亦無所措手足。所幸者，則在此宇宙間一切事物，均有一所以然之理。縱使人類今日智識尚有許多說不出的理，但一切事物則老是這般存在著，好待人慢慢去思索，去探求，去發現。而且既然每一事物都有理，則最先必出於一大理。此一大理，在宋儒則稱之為「天理」。

何以說宇宙一切理，最先必出於一理？因宇宙間若有兩理或兩理以上，則此兩理必然形成兩宇宙，而且此兩宇宙將會永遠衝突，則仍是一不能安住，不可想像之宇宙。因此宇宙只是一完整的，故此形成此宇宙之理，其最先也必然只是一個理。我們只可說「道並行而不相悖」，卻不能說「理並在而不相悖」。若不相悖，則可會通，仍然是一理。因此，就理言，宇宙間必有理存在，而且像是先事物而存在，並且統宗會元，該是只有一個理，即天理，最大而無所不包之理，老是如此存在著。否則若不先有此一理存在，又或並不止一理存在，又或雖存在而仍可變，則此宇宙到底為一不可想像者，到底將不能使人一日安心居，並亦不能活下去。因此就人類理智言，必然該信此宇宙，有一前定先在而終極為人可知之理存在著。宋儒提出「天理」一觀念，又提出「理先氣而存在」的觀念，大意只如此。其實此一說法，則仍只是一純抽象之理，而無法具體求實證。

這一說法，其實在王弼時早已說盡了，即在宋儒也逃不出王弼所說之範圍。因此一說法，僅只是理當如此而止，無法具體說。具體說了，則又落到事象上，並非此先宇宙而存在的絕對唯一的大理。

六

講到此處，不免又要牽連到另一新問題。宇宙萬物同一理，但並不同一道。有些道屬於人，但有些道則並不屬於人。此等不屬於人之道，就整個宇宙論，顯見比人道的範圍更偉大，因此也更重要。中國古人則混稱凡此等道為「天道」。而天又是個什麼呢？此又是一不可知。孟子說：「莫之為而為者謂之天。」我們明見有此等道，但不知此等道之背後主動者是誰，於是統歸之於天。人生則是從可知（人道）而進向於不可知（天道），也可說，乃由於不可知（天道）而產生出可知（人道），而可知則永遠包圍在不可知（天道）之內。換言之，天之境界高出於人，而人又永不能逃離天。因此人求明道、行道、善道、宏道，必先知道之有不可知，此乃孔孟儒家所謂知天知命之學。

所謂知天知命，淺言之，則是須知其有不可知。此一理論，道家莊周，亦如是主張。但人心不肯老包圍在此不可知之內，總想穿破此不可知，而達成為可知。老子即抱此想法。故老子乃試把道的地位倒裝在天之上，他說：「人法地，地法天，天法道，道生天地。」但那生天地之道，又是誰在背後作主動呢？這一問，不能不回答，不能不解決。於是老子又說：「道法自然。」在老子之意，他只說，道只是自己在如此，背後更沒有主動，故稱之為自然。既屬道自己在如此，則不須再求誰是其主動者。然就上述道字涵義說，道必該在其背後有一個主動。若說道自己在如此，道法自然，則道之本身，似乎已沒有一個規矩準繩了。道法自然之說，究是太無把柄，難於捉摸，所以又逼出王弼來，改提出一個理字，使問題較易於解決。

因天道雖不可知，而天理則可知。道之背後應有一個主動者，而理則是一切事物之所以然，在理之背後更不必求其一主動。這一說法，落到宋儒，便說得更清楚。朱子說：「帝是理為主。」這是說，縱使是上帝，也得依照理，故理便成為上帝的主宰了。若說上帝能創造世界，創造萬物，但上帝也得依照於理而創造。上帝創造了世界，但不能創造此創造世界之理。理規定了一切，同時也可以規定了上帝，因此上帝也只能遵照此理去創造出世界。或者你可說，上帝本身即是此創造世界之理，但上帝的地位，最高也僅能至此而止。故朱子要說，理即是上帝，上帝也由理為主了。因此宋儒說天理，那是理的地位高過了天。天理的天字，只成為理字的形容詞，與古人說天道絕不同。

若說天道，則是天在那裏走它的路，行它的道。如日月循環、寒暑往來，太陽下去，月亮上升，夏天完了，冬天來到，這是天在那裏行它的路。但我們只能知道天在如此行，卻不知天究竟要行向何處去，而且也保不住它是否永遠如此般行。換言之，天是否有意志，有計畫，它的意志與計畫究竟是怎樣呢？這是一不可知。但若說自然，固然天的不可知的問題可以不存在，但自然也該有一個理，我們不能說自然便了，更不問它理。在此上，郭象思想便不如王弼。因郭象注《莊子》，重視自然更勝過了理。而老子思想，也不如莊周。因莊周言道，還保留有一天，而老子想把那天輕淡地抹去，而僅存有一道。《易繫辭傳》則承續老子思想，也只存有一道，不再有天了。因此纔逼出王弼來。現在再說到理，則顯見與道不同。因理是先定而不變的。正如此刻，諸位聽我講話，究竟不知道我下面定要講一些什麼。但若看我演算草，則幾乎可以不必看，只要懂得了公式，答數一定可得。不論是你演或我演，若不如此答，則準是演算者錯了。

七

我們如此講，豈不是宋儒的窮理精神，已遠勝過先秦儒的明道精神嗎？這卻又不盡然。講到這裏，則又須牽進到另一問題上去。我們只聽說「天道」、「人道」，卻不曾聽人說「物道」。我們也只聽說「天理」、「物理」，卻很少有人說「人理」。可見若注重在講道，則天與人對立。若注重在講理，則成為天與物對立。人只包在物之內，不見有它自主自行的地位。若論天道，天屬不可知，因此天的地位高了，而人的地位也隨而高。若論天理，天屬可知，不僅天的地位低了，而人的地位也隨而低。因道之背後必有一主動，人類自身亦為道之主動，而有所謂人之道。因此「天」、「人」對立，而人的地位自高了。由於天人對立而可以求達天人相通，天人合一的境界，那是古代中國人求能明道之最高一境界。至於萬物，則並不能主動，因此不能有物之道，物之道則包括在天道之內了。至於理，它是先在那裏規定一切，主宰一切的。人也得受理之規定與主宰，因此人也包括在物之內而僅成為一物。因此只有天理物理，「天」、「物」對立，另外更沒有人的地位了。而且天也只成為一物，也在受理之規定與支配。如是則天地萬物合成一體，只有理高出於其上。

如是講來，唯理的世界，其實只是一唯物的世界。不僅沒有上帝，而且也沒有人。此宇宙則僅是一理在主宰而支配著，而此理又只有在物上去求，所以說「格物窮理」。所以此唯理的世界，其實仍是人類所不能忍受的世界。因此，偏重道與偏重理，必然會形成兩種宇宙觀，與兩種人生觀。道的宇宙，是在創造過程中，有多種可能的變動，而且有些處儘可由人來作主。理的宇宙，則先已規定了，在此規定中，無法有變動，誰也不能另有主張，另有活動之餘地。

然則那一種看法對了呢？我想，照中國人看法，即是照中國思想史來講，宇宙本可有此兩種的看法。從某一角度看，此宇宙是動的，能創造，許人插手作主的。另從某一角度看，此宇宙是定的，被規定了，不許人插手作主的。宇宙如此，人生也如此。再換言之，此一宇宙，有些是可知的，而有些則終極不可知。此宇宙決不是全不可知，但也決不是全可知。此宇宙決不是全不可改造，但也決不是全可改造的。此宇宙是被限定的，而在其被限定之內，卻有無限的可能。宇宙如此，人生亦如此。

我想中國人所講宇宙人生的大道理，應該是如上所述的。因此我們若要問，這一個世界，照中國人看法，究竟是道的世界呢？抑還是理的世界？則不如說這一世界乃是道理合一相成的世界。不過古代中國人，在道字的觀念上，多用了些思想。而後代中國人，則在理字的觀念上，多用了些思想。因此，王弼、郭象雖與莊、老立說有異，而畢竟是大處仍相通。程頤、朱熹雖與孔、孟立說有異，而畢竟也是大處仍相通。而孔、孟與莊、老，也仍有其大處之相通，這便成其為中國思想之共通性。

八

現在我們若把中國思想來和西方歐洲人思想相比，讓我們僅從粗大處看，我想，中國人講道，有些處頗近於西方宗教的精神。而中國人講理，則有些處頗近於西方科學的精神。此只如耶穌教傳道，不能說傳理，物理學不能稱物道學，即可見。在中國人思想，相信此整個宇宙，應該有一個內在當然之道在遵循著，也應該有一個主宰，這一個主宰，雖為人類智識之所不可知，而人類仍可就其所知而上通於此不可知，而使此二者之合一而相通，這便是中國人的宗教精神之所在。

中國人又相信此宇宙有一個必然之理在規定著，而此項必然之理，就人類智識，可以隨時隨地隨於每一事物而研討窮格之，以達於豁然大通之一境，此即中國人的科學精神之所在。中國沒有自創的宗教而愛講道，中國沒有現代西方那一套完整的科學而愛講理。在西方，宗教和科學，分道揚鑣，各走一端，正苦無法調和。而在中國則認為道即理，理即道。道與理，雖有時應分言之，而有時又常合言之，似乎雖可分而不必嚴格分。若我們依照朱子「格物窮理」的精神直推下去，就成為科學。若我們依照孔子「天生德於予，知我者其天乎」的精神直推下去，也就成為宗教。正因為中國人抱著一種「道理合一相成」的宇宙觀，因此宗教和科學的界線，在中國思想裏，也就融會調和，不見有甚大的衝突。茲再大體比較言之，似乎中國人更重講道，而西方人則偏向於求理。

在西方中古時期，因於宗教精神之太偏於一條路上發展，而彼方遂有所謂黑暗時代之出現。最近兩百年來，又因於新科學之突飛猛進，仍是太偏發展，而與社會人文脫了節，又引生出種種毛病。更有一輩思想家，試想把自然科學方面的種種律令，來推測整個宇宙，於是唯物論哲學風行一時。若就中國思想觀點來評判，那是只見了理世界，而不見有道世界。仍然只見了此宇宙之一面相，而忽略了另一面。尤其是他們試將自然科學的律令，應用到人文界。其最極端者，如馬克思的唯物辯證法，與其純經濟的歷史觀，一切皆屬命定必然，個人的地位也全抹殺了。他不知在人類社會中，個人的因素占有重要的成分。而人類的一切活動與創造，在此有限宇宙的規定中，還容許有無限之可能。他重視了物理，忽略了人道。如我上面所講，他是把在天的觀念中所應有的人的成分抹去了，而僅留著物的成分。最多是只見天理，沒有見天道。因此，又把天的觀念中之神的成分，即為人類智識中所不可知的那一面抹去了。因此，馬克思的宇宙觀，是純物質的，而僅存了物之質與量，好像一切全可知，而由他來制定一演進的程序，於是人類歷史，變成一種前定的必然。他自許他的歷史觀是科學的，而信仰共產主義者，遂不得不成為一個反宗教集團。他的學說思想，仍是太偏陷在一面，而忽略了另一面。若果他的學說思想，真能暢行無阻，實現到全世界，勢將使人類歷史，重回到西歐中古時期，重來一個新黑暗。

只有在中國，不純粹講理智，不認為純理智的思辨，可以解答一切宇宙秘奧。中國人認定此宇宙，在理的規定之外，尚有道的運行。人性原於天，而仍可通於天，合於天。因此在人道中，亦帶有一部分神的成分。在天，有部分可知，而部分不可知。在人，也同樣地有部分可知，而部分不可知。而在此不可知之部分中，卻留有人類多方活動之可能。因此宇宙仍可逐步創造，而非一切前定。這有待於人之打開局面，衝前去，創闢一新道。此等理論，即帶有宗教精神，而非純科學觀者所肯接受。這是中國全部思想史所不斷探討而獲得的一項可值重視的意見。

第二講　性　命

一

上一講，提出了「道理」兩字，此一講，則另提「性命」二字作講題。道理是在外面的，性命是屬內部的，這是我們自己身體內之所有。若就西方哲學術語說，道理應屬宇宙論範圍，性命則屬人生論範圍。

性命二字，也如道理二字般，已成為全中國人日常普遍使用的一名詞。說到性命二字，有首先值得我們特別注意者，即中國人日常通俗所說的性命，即指人之生命言。如云拼捨性命，又言性命休矣，性命難逃之類，皆是。但為何不說生命而偏要說性命呢？這裏卻是一大問題，早在兩千年前，中國思想家已經極深刻地辯論過。

與孟子同時有告子，他曾說：「生之謂性。」此一語，若用今通俗語翻譯，即是說生命即性命。生命外，更無所謂性命了。但孟子非之，孟子質問告子說：「犬之性猶牛之性，牛之性猶人之性歟？」此即說：若單講生命，則犬的生命牛的生命和人的生命都一般，沒有大區別。但犬牛和人，在其生命相同之外，還有其各別的性。犬之性不同於牛之性，牛之性不同於人之性，因此，只有在性上，人和犬牛纔見有大區別。若單說生命，則犬牛與人各有生命，人與禽獸的生命，便無法大分別。必須言性命，始見人之異於禽獸，始見人生之尊嚴處。孟子曰：「人之異於禽獸者幾希。」此性命的「性」，即是人獸相別之幾希處。後代的中國人，大體都接受孟子此意見，故不肯言生命，而都改口說性命。

三國時，諸葛亮〈出師表〉：「苟全性命於亂世，不求聞達於諸侯。」當知此所謂苟全性命，決不是苟全生命之義。若求苟全生命，則北走魏，東奔吳，在曹操、孫權處求聞達，一樣可以全生命。可見諸葛孔明高臥南陽，苟全性命，實有甚深意義，極大節操，此乃諸葛孔明高出一世之所在。他所用「性命」二字，乃是儒家傳統思想所特別重視的性命，決不僅指幾十年的生命言。

現在我們要問，孟子之所謂性，究竟是什麼意義呢？概括來說，中國人「性」字，涵有兩種意義，一是生之本質，一是生之可能。而古代人用性字，則可能義更重於本質義。今說犬之性異於牛之性，牛之性異於人之性，即是說：人有了這一條生命，他所能做出的許多事，和犬和牛之所能做出者不同。故其生命雖同，而在其各有之生命中之可能表現者不同。何以在同一生命中，會有不同的可能呢？這只能說是生命本質之不同。既是生命本質不同，即無異於說生命不同。人為要自表示其生命之與其他禽獸草木一切生命之不同，故牽連著說性命。因此，中國人通常俗語用性命二字來代替生命，其實已包涵了極深的思想結晶。這一語中，即包涵著生命之本質與可能，也可說，即包涵著生命之意義與價值。換言之，這已包涵有甚深的哲學情味。此刻若想把我們日常普遍使用的「性命」兩字，切實明瞭，則又必牽連到全部的中國思想史。

二

現在我們試再問，上面所說的人之性，又是何從而得之的呢？《中庸》上說：「天命之謂性。」中國人大體普遍承認此一語，即謂人之性乃由天命得來。但此處所謂天，又是指的什麼呢？究是指的一位造物主，上帝，抑是指的大自然，如科學家的想法呢？就宗教言，一切萬物皆由上帝創造。就科學言，一切萬物皆是自然演化。但我在上一講裏已說過，在中國思想裏，科學與宗教，兩者間，並無一條很深的鴻溝，把彼此疆界劃分得清楚。因此在中國人，則不說上帝，不說自然，而混稱之曰「天」。但天與人的問題，是中國思想史上一絕大的問題，我們值得時時注意到。現在則首先提出兩層意義來說。

一、人性既是稟賦於天，因此在人之中即具有天。

二、天既賦此性與人，則在天之外又別有了人。

此如說，政府指派一全權代表出國去，辦理某項交涉，此全權代表接受了政府命令，自可運用他的全權，隨宜應變，代表政府，決定一切了。由此言之，人即是天的全權代表者。惟此所謂全權，自指代表辦理某項交涉言，決不指代表全國之一切政令言。因此，人雖可代表天，而天仍在人之上。人之所得代表天者，即在人之性。而天之所以高出於人之上者，則在天之命。若我們要明白得人類生命之本質與可能，及其意義與價值，則該從此性命兩字中細參。

三

茲再進一步言之，天既把此性給予人，此性為人所有，故我們得稱之為「人性」。但此性稟賦自天，故我們亦得稱之為「天性」。中國思想中所謂「天人相應」、「天人合一」，其主要把柄，即在此一性字上。故《中庸》又說：「率性之謂道。」這是說：率循此性而行者便是道。根據上一講，道有天道、人道之別，而此處所謂率性之道，則即天道，亦即人道。因天命之性是天人合一之性，故率性之道，亦是天人合一之道。此一性，既是人人所有。此一道，亦是人人能行。試問依循著自己的天性來做事，那一個人不喜歡，又那一人不能呢？因此，中國古人又稱此道為中庸之道。宋儒程子說：「不偏之謂中，不易之謂庸。」所謂不偏，也可說，既不偏在天，也不偏在人。深言之，既不偏在出世，也不偏在入世。既不偏在人之外，也不偏在人之內。此乃一種天人合一之大道，自可讓我們人類永遠遵循，莫之與易了。

率性之道，既是天人在此合一了，因此《易經》說：「先天而天弗違，後天而奉天時。」我不必一一探問天的意旨和命令，我只自率己性，照著我性之所欲徑直行去，天自會同意我。何以故，因我性即天所賦與故。這是我們人類最高絕大的自由。我們若明白得我之稟有此性，乃出天心與天意，我們自率己性，即不啻是依循著天心與天意。我們自可明白，此性乃我們所最該遵依，不宜有違抗。因我若違抗了我之性，這不僅是違抗了天，而且是違抗了我。何以故？因我之所以為我，正為我之稟得有此性。因我稟得了此性，遂使我異於其他一切生命，而確然成其為一我。我今率性而行，這是我在後天而奉天時，這又是我們人類最高絕大的規範。人人不該違犯此規範，同時也即是人人獲得了最高絕大的自由。因此天人合一，同時也即是人生規範與人生自由之合一。此即是我上一講所說，道的世界與理的世界之合一。我們由此參入，又可明白得性命與道理之合一了。

四

現在的問題，則在如何教人去率性？《中庸》又接著說：「修道之謂教。」教人如何去率性，即在修明此道。《中庸》又說：「道不離人。」在我未生以前，早有了人，便是早有了道。既是同類的人，人相同則性相同，在我以前的人，如何率性行道，已有榜樣在前。把此榜樣修明，便可教我們當前人如何去率性。

如人賦有雙目，目能視，此能視即是目之性。因此，人賦有了雙目，總想開眼向外看。若強人閉眼，不許他向外看，那他會覺是莫大的苦痛。若讓他張眼看，他也自會看得見。何以人老想張眼看？何以人一張眼，便可看得見？在中國人說，此即是人眼的天性要如此，人眼的天性能如此。

犬牛也有雙目，犬牛之目也想看，也能看，但與人不同。因犬牛目中所見與人有不同，人目所見，既與犬牛所見大不同，這即是人性與犬牛之性不同。此在中國古人，則稱之為「目之明」。明即指其能視。所謂能視，若深言之，則包涵有正視義。正視謂其看得正確。人之雙目因能正視，看得正確，把宇宙間一切道理都看出了。而犬牛之目則僅能看，卻不能正確地看。因此宇宙間一切道理，都在犬牛目中忽略過。犬牛所見，只是一些物，與人所見大不同，則等於沒有看。

人之雙目雖能正視，卻也未必人人能正視。當知天賦人以雙目，賦人之雙目以能視之性，此乃天之道。人既稟得此雙目，稟得此雙目能視之天性，人還須自己盡量發揮此天性，發揮到最高度，即發揮出目能視之最高可能，此之謂「盡性」。盡性則屬人道，非天道。正如政府派出一全權代表到外國去辦交涉，此是政府事。至於此一全權代表，如何克盡厥職，把此項交涉辦妥，那是此全權代表之事，非屬政府事。

在先早有人，他把雙目能視之天性發揮出，他不僅能視，而且能正視，看出天地間許多道理來。後人繼續他，修明此道，跟著他的道路繼續向前跑，於是因於目之能正視，而我們纔懂得目該向正處視。因此目能視，該包括有兩義：一是正視，一是視正。所謂視正，亦即非禮勿視義。當知非禮勿視並不是一句消極話，並不重在禁人視，實在是一句積極話，教人如何視，該向何處視。目能視，能正視，能非禮勿視，此始是目之明。若明字，只說是看得見，犬牛之目一樣能看得見，但所看見者有限，斷不能與人比。因此我們說，明是目之性，此乃專指人類之雙目言。若一切生物同有雙目，只能說目之性能視，卻不能說目之性是明。

天賦人以兩耳，耳能聽，而且能正聽，能非禮勿聽，能聽出宇宙間一切有意義，有價值，合道理的聲音來，此之謂耳之聰。聰則是耳之性。

耳目視聽，乃天之所以與我者。我能盡量發揮，用雙目來看出宇宙間一切有意義，有價值，合道理之形形色色。用兩耳來聽到宇宙間一切有意義，有價值，合道理的種種聲音。此之謂盡耳目之性，此之謂極視聽之能事，如此而達聰明之極點，則已超出乎人之常情，而可以上儕於神明。換言之，則是上合天德了。所以說：聰明正直之謂神。這並不是說，宇宙間，在人類之外另有神的存在，這乃是即人而為神，即人之聰明而成為神。人只須率性而行，盡其性，極視聽之能事，達於聰明之極，無邪無枉，正正直直地向這條路發展前進，便即是盡了人的可能，而人即成為神。

天之所與，則並不限於耳與目。人之一身，五官百骸，手足四肢，全是天所與。人身每一官骸，每一機能，各具一可能之性。人若能如上述之耳聰目明般，把凡天之所以與我者，一一盡量地發揮，一一發揮出此各各性能之最高可能而使之無不達於極，此始謂之盡性。其實盡性工夫也並不難，只在能「踐形」。所謂踐形者，人之一身，具一形，必具一性。人能將此天所賦與之形，一一實踐，而盡量發展出它的最高可能性來，此即是踐形，也即是盡性了。

五

說到此處，大家或許會發出疑問說：人只是一個人，那能如我上所說，把耳目手足，五官百骸，割裂破碎，逐一分項，來做踐形的工夫呢？那是不錯的。當知人之耳目手足，五官百骸，綜會起來，則集成了一個心。心固是形之主，但心亦不在形之外。禽獸動物，都有身有形，但不一定有心。縱說它有心，也決不如人心之靈。所以孟子說踐形，又要說盡心。其實盡心仍得從踐形上做工夫。踐形工夫做到綜合高明處，便是盡心工夫了。目能視，須正視。耳能聽，須正聽。在視聽上做工夫，是踐形，同時亦即是盡心。所以說：「盡心可以知性，盡性可以知天。」天賦與我此性，若我不盡量發揮我性到最高可能之極限，我即無從知天心天意之終極之所在。要盡性，則須盡心。要盡心，則須踐形。因踐形是具體可說的，盡心則微妙了，盡性更微妙。急切無從說，則先從踐形盡心上說起。

人同有此形，人同有此心，盡心踐形，應該人人能知亦能行。如人餓了想吃，便須吃，此是踐形。但吃多吃少，吃快吃慢，身體覺得不舒服，便知須飲食有節，這便由踐形轉進到盡心工夫了。嬰孩因知吃奶，遂知愛其母，幼知孝，長而知弟，孝弟之心，似乎已超越出身與形之外，但推原本始，何嘗不從此身此形之最初需要來。只因人心有靈，纔能徑從飲食直進到孝弟，於是由飲食之道一轉卻轉進到孝弟之道上去。這一步邁開來，人和禽獸相殊得遠了。也有些禽獸，有時像近於孝弟，但人心之靈又一轉，卻從修身轉到齊家，轉到治國平天下，那就愈轉進愈遠，與禽獸之道，相差不知其幾千萬里了。但最先則還從飲食之道起，那有人不知飲食之道的呢？因於人心有靈，只要正正直直地由此上達，便轉出許多花樣來。但這些花樣，歸根到底，我們只能說它還是出於人類之天性，並不曾在人類天性外增添了些子。換言之，人心之靈，這即是人心內在自有之天性。所以中國俗語常說性靈，又說靈性，這只是說心之靈即心之性。因此孟子纔又開始發揮他的性善論。性之善，心之靈，此是中國人對人生之兩大認識，亦可說是兩大信仰。而此兩大認識與兩大信仰，在孔子實已完全把它揭露了。孔子《論語》常提到「仁」字，此乃孔門教義中最重要的一個字，其實仁字已包括了心靈與性善之兩義。

六

說到這裏，或許大家仍要發疑問，說：人心之靈，人性之善，我們縱然承認了，但芸芸眾生，距離我們的理想境界，畢竟還太遠，縱說人皆可以為堯舜，但畢竟聖人五百年一見，這又為什麼呢？為要解答此問題，讓我們再回想上一講所論的道世界。在中國人看來，道世界是極寬大，極活動的。有天道，同時有人道，天只賦與人以那一個至善之性，至於如何率性盡性而直達於至善，則屬人道一邊，有待於人類自身之努力。因此，人同此性，性同此善，是天道。天只普泛地賦與人以那可能，而如何善盡我性，如何盡量發揮此可能，則是人道。人道則需由個別做起，不由普泛獲得。

若論做，則人人能做。這真是一條坦易寬平的大道。如飲食，豈不是人人能之嗎？但要做到盡，人道做到盡頭處，便與天道合一了，那則雖聖人也做不盡。《中庸》上又說：「盡己之性，可以盡人之性，盡人之性，可以盡物之性，盡物之性，可以贊天地之化育。」天之化育萬物是天道，人之盡己性以盡人性物性而贊天地之化育是人道。天道只開一始，卻待人道來完成。天道著手在普泛的一邊，人道著手則在個別的一邊。「人皆可以為堯舜」，是天道。「有為者亦若是」，乃始是人道。若天道侵越了人道，一開眼，滿街都已是聖人，人一生下地，便早是聖人了。身無有不修，家無有不齊，國無有不治，天下無有不平，則此世界不再需要有人道，而人道於是息。惟其天道只開一始，所以是悠久不息的。若天道一開始便把終極點也做盡了，則不僅人道息，而天道也隨而息。中國人的想法則不如此。人還得盡人道。天只與人以一可能，人如何完成此可能，則留待人去做。此事人人能做，卻永遠做不盡。此是天所賦與人的一項大使命，此項使命人人能擔當，卻又永遠擔當不了。這是中國人想像中天道人道合一相通之巧妙神奇處。

七

說到此處，關於性的一邊的話，已說了一大概。讓我們再把此一套中國人的想法，來與世界其他民族對此一問題之想法先略作一比較。首先說到耶穌教，耶穌教義主張人類原始罪惡論，人類祖先因犯了罪惡纔始降生為人類，因此人類非皈依上帝，皈依耶穌，將永不得贖罪與獲救。而若果贖罪獲救了，則人類罪惡消盡，回歸天堂，那世界也絕滅了。中國人想法與此想法之不同處，在認人類降生，它即擔負了一個大使命。這一個使命是至善的。而天又早已賦與人以完成此至善之使命之可能的本質了，因此人得自己放手做去，即人心亦即是天命。天命無終極，人心也只有永遠地向善，向至善之境而永遠地前進。

其次說到佛教，佛教教義之中沒有一個造物主，如是，則此宇宙萬物因何意義而出現，因何意義而存在？佛說那些只是些機緣，機緣湊合則只是偶然的，因此佛法看世界是虛幻不實的，終極是一個涅槃。一切有情是無明，一切存在是執著。在佛法中則只論真假，不再論善惡。因此佛法說性空，世界畢竟須回到涅槃境。塵世則如大海生漚，偶然地顯現。人須仗自力來超拔，此乃佛法與中國思想之相通處。但此世界畢竟該有一意義，並非畢竟空。則無寧說中國思想在此處，又較近於耶教。

其次再說到近代的科學。近代科學所著眼處，若就我上一講所說，則它只著眼在理世界，不再理會道世界。因此在科學眼光中，此世界也無所謂善惡。人類只求能運用理智識破此世界，把此世界識破了，人類便可為所欲為，更莫能奈之何。因此科學對人類可說有使命，而人類對宇宙，則似乎不再有使命。只求人類能戰勝自然，克服環境，這是科學對人類的使命。人類憑仗科學，把人道克制天道，把人來作宇宙主。豈不是人類對宇宙，由科學家想法，更沒有什麼使命嗎？但在中國思想裏的所謂盡物性，重要是在贊天地之化育，此宇宙則還得別有一主宰，此是中國思想與近代科學觀點之不同處。

八

繼此我們將講到性命之命字。「天命之謂性」，人性即由天命來，那豈不性命一致，更不需區別嗎？這又不盡然。因天命是普泛的，人性善是天所命，則父慈子孝皆天命。但由人道論，慈父不一定遇到了孝子，孝子又不一定遇到了慈父。如舜是大孝，而父頑母嚚，並不慈。當知頑嚚是人一邊的事，天則同賦以善性，但舜之父母則不率其性之善而走上了頑嚚之路。若舜因見父頑母嚚而以不孝來報復，那便是不知命。所謂知命，同時有兩意義。一當知，我之孝，乃出自我之天性。此乃天所付我之使命，在我為不可背。何以說我之孝，出天性？此反躬自問而可知。我若反躬自問，我對父母孝，我之所以具此一番情感，是否是真情感？若是真情感，則即證其出自天性了。若不反身向己看，亦得張眼向人看。縱使不見世間人人對父母都有此真情感，而有些人，如舜、如周公、如晉太子申生、如閔子騫，卻多有此真情感。既屬大家是人，人屬同類，則因於舜與周公與申生與閔子騫，而知人人可有此孝心發現之可能。今再問人又為何而不孝？如遇父頑母嚚，覺得此父母不值得我孝，故不孝。可見不孝心由因緣起。換言之，則是有緣故的。照佛法講，因緣法不實，一切有緣故而起的都是不真實。因若父母回心轉意，不再頑嚚，他轉而為慈父母，那時我也許會感動，也許能成為一孝子。可見我原先之不孝，並非真實由於我，而乃由於種種外在之因緣。世界一切惡，皆由因緣生。但可以有無因緣之善。如舜，雖遇頑父嚚母還是孝。舜之孝，無因緣可說。因此，惡是緣生的，外起的。善是內在的，自生的。我們便說是天性善。

但我們也可說，人之孝行出於師法與教育，人類一切善行皆由師法教育中培養來。但我們得再問，師法教育又是由何開始呢？舜之時代在上古，那時社會還不見有師法與教育，故孟子說：「舜之居深山之中，與木石居，與鹿豕遊。」然則誰教給舜以一套孝的道理呢？所以人類一切善行，若追溯其最早原始，決不是受人強迫的，也不是經人誘導的，而是自性自行的。換言之，則是一個無因緣而自起的天性之真實。因此，自性自行，是一絕大的自由，同時也是一絕大的束縛。人類一切束縛皆可求解放，只有自性自行那一種最大的自由，它在束縛人，人不該再向它求解放。中國古人則指說此一種再無從解放者曰「命」。

但人有知命，有不知命。舜之父母因於不知命，在其自性之善之慈之外，蒙上了一層世俗惡習頑與嚚。這一套世俗惡習，則是有因緣湊合而起的。聖人知命，則不僅知自己之必當孝，又知父母之必當慈。而我父母之所以成為不慈者，因有種種因緣湊合，因緣湊合，並不是天所命，而世俗也一例稱之曰命。我父母遭遇此種非命之命，而不能擺脫不能自由，我只該對他們同情，對他們抱憐憫心，抱慈悲心，卻不該對他們起敵對心，仇恨心，與報復心。此亦是知命。如此則舜因盡己之性而同時便已盡人之性了。中國人說，天下無不是的父母，應該從這裏講進去。換言之，則是天下無不善之人，因此孝子不待於父母之感格，而早已盡了父母之性。因此說盡己之性便可以盡人之性了。

人不僅當孝於家庭父母，還當忠於世界人類。但世界人類並不忠於此一人。若此一人是聖人，他當知，世界人類所以不忠於我者，自有種種因緣，此種種因緣，在中國古人則也說它是命。

照理，天賦人以善性，人能率性而行便是道。則大道之行，是極為自然而又是當然的，而且也是必然的。但大道終於有時不行，這又是什麼緣故呢？在聖人知命者，則說是命也。因大道既本於人性，故說道不遠人，則照理應該沒有人反對道。道既合於人類天性之普遍要求，而又是盡人可能者，而終於世界有無道之時，行此大道者，終於所如不合，到處行不通，這又為什麼呢？中國聖人則說這是命。若用佛家術語說，則其中有種種因緣，而那些因緣，又未必盡為人所知。所可知者，則其中必有種種因緣而已。聖人知道了此一層，認為此是命。

如上所講，中國古代思想中所謂命，可涵有兩義。一是命在我，使我不得不如此做。一是命在外，使我如此做了卻不一定做得通。孔子所以知其不可而為之，此乃孔子之知命。讓我再舉一淺例，如政府派我出國辦理一交涉，我的使命我知道，但我所要辦交涉的對手方，我可不知道。孔子曰：「知之為知之，不知為不知，是知也。」我們必該同時知道此兩面。在《莊子》書裏，也常講到這些話。只因莊子太注重在命之在外而不可知的一面，對命之在我而可知的一面，沒有能像儒家孔、孟那般把握得緊。因此，孔、孟與莊周，同樣是樂天知命，而孔、孟更積極。孔子說：「不怨天，不尤人，下學而上達，知我者其天乎！」天賜給人類以至善，連我亦在內，我得此至善之性於天，我對天復何怨？至於人之不善，因其牽累於種種外在因緣之故，今我獨幸而能擺開了此種種外在因緣，我當自慶幸，而悲憫人，那於人又何尤呢？我則只在我所知所能的一面盡力，此之謂下學。但由此上達，即面對著整個的天命。世人因其牽累於外在之種種因緣而不我知，那只有天，該能知得我。這是孔子的一番樂天知命之學，這正代表著東方中國人一種最崇高的宗教精神呀！

九

上面所講，算把古代中國人對於「性」、「命」兩字的涵義，約略都說出了。性命即是人生，上面已說過，因中國古人看人生，不專從其所賦得的生命看，而進一步從所賦得的生命之內在本質及其應有可能看。換言之，即從生命之內涵意義與其可有價值方面看。而且不僅從自己一面之努力與奮鬥進程看，還從其奮進歷程之沿途遭遇及四圍環境看。這是古代中國人的性命觀，而它已包有了全部的人生觀。

但上面所講，實則偏重在道世界的一部分，因此挾帶有一種極深厚的宗教情緒，教人積極地向前。後代中國人，漸漸轉移目光到理世界。用近代術語講，此乃一種科學精神逐漸換出了向來的宗教情緒，因此後代中國人對性命兩字的看法，也連帶有些處和古代中國人不同。在古代中國人意見，命有一部分可知，一部分不可知。可知者在己，在內。不可知者在天，在外。人應遵依其所知而行向於不可知。人人反身而求，則各有其一分自己可知的出發點。人生如行黑暗大曠野，只有隨身一線燈光，但憑此一線燈光所照，四周黑暗則盡成為光明。行人即可秉此勇敢向前。行到那裏，光明即隨到那裏，四圍黑暗都驅散了。而此一線光明，則人人皆具，因此人人盡可有光明。但若要驅散此大曠野中全部黑暗，則無一人可能。此是性命之古義。但人總想多驅散些四圍黑暗，於是不向自身求光明，而轉向外面去求光明。後代中國思想，便逐漸有些轉移到這一面。

宋儒說：「性即理。」此語與「天命為性」、「率性為道」有不同。顯然一面注重在道世界，一面注重在理世界。人當自盡己性來明道，此是中國古代人觀點。人當窮格物理來明性，此是中國後代人觀點。他們說性即理，此理字包括了一切物理，如柴胡性寒，附子性熱，一切藥理便即是藥性，理既前定，則性亦前定。換言之，後代中國人言性，已偏重在其本質上，因其本質如此而才始有可能。這一轉變，即從本質到可能，與從可能到本質，卻可演繹出許多絕大的不同來。若注重可能說，率性始是道，而道之不行則在命。現在則說性自始即是合理的，不待盡性而性已是至善的。

然則人間何以有種種的不合理事出現呢？後代中國人則歸罪於人身附帶了許多欲。本來人身五官百骸，每一官骸即代表著一種欲，如目欲視，耳欲聽，手欲持，足欲行。人生即是百欲之集合體。宋儒稱此為氣質之性，氣質之性是落在身體物質之內以後的性。在其未落到身體物質之內之前，他們認為這才始是天地之性。換言之，理先在故性亦先在，他們認為只有天地之性才始是至善，待其一墮落到氣質中，便不免有善又有惡。在其未落實到氣質以前，此宇宙如一光明琉璃世界，竟體通明，是一大至善。一切惡則在氣質上，在人身上。人身自阻礙了此光明。外面光明給阻塞了透露不過這身，人身則如一團漆黑。毛病則生在人身之有許多欲，故須變化氣質，把氣質之性反上去，再反到天地之性之至善境界去。

這一說，把「天理」與「人欲」對立起來，似乎帶有更嚴肅的宗教氣。但宋儒重於講天理，天理是先在的，而且是可知的。伊川說：「理者天之體，命者理之用。」如是則把古代中國人的天命觀念全變換了。宇宙只是一個合理的宇宙，宇宙不能有絲毫多餘越出於理之外。故說理者天之體，這明明是把「理」字的觀念來代替了古人「天」字的觀念。換言之，則除理之外更沒有所謂天，如是則那會有天之命。因此說，命只是理之用。這樣一來，把命的觀念也縮結到理的觀念下，命不再是不可知之天在賦與人以某種偉大的使命，而變成只有人生一些外在偶然的遭遇，與一切氣質上的限制，才算是命了。這一種遭遇與限制，當然仍是理的作用。但理則無意志，無情感，只是一種生硬的，冷靜的，老在那裏規定著一切。即使有上帝，也莫奈之何的。於是理既是靜定的，而命也是靜定的。硬綳綳，沒生氣。而人性物性，也一切全是理。

此處可悟宋儒所謂「萬物一體」，這一個大全體則便是理，理是天之體，自然也便是萬物之體了。人的地位，在此理的觀念之中，則與萬物成為一體了，如是則人性也好像只是生硬的，冷靜的，沒有情感與意志羼雜進，因此程伊川要說人性中那有孝弟來。如是則宇宙只是一個合理的宇宙，而人生也只該是一個合理的人生。宇宙原始出自理，原始合下本來是一個合理的，待其降落到具體事狀上，因為羼進了氣質，羼進了人的私欲，才致不合理。理是一個大全體，是公的，所以稱「天理」。欲則發於各個體，是私的，所以稱「人欲」。但天地間一切氣質，推原究竟，仍還是出於理，理亦仍還附隨於氣質而呈現，為何一落氣質便成為有善有惡，而走失了純理的原樣呢？這一層，在宋儒沒有妥適的解答，所以要招來後儒之抗議。

十

現在再綜述上說。人生在道的世界中，是該前進的，該有人的意志與情感的成分羼進，向理想之道而奮鬥，而創闢。但人生在理的世界中，則只是回顧的，是返本復始的，不再需有人的意志與情感。所謂率性行道，其先行工夫則在格物窮理上。因宇宙與人生，全給此理預先規定了。

故人生至要，在格窮得此理。這一種的性命觀，似乎把古代中國人思想，尤其是孔、孟思想中所帶有的一種深厚的宗教情緒沖淡了。

但宋儒講學，仍不脫有極嚴肅的宗教氣，這為什麼呢？因宋儒思想中，已羼進了，染上了，許多魏晉以下道家與佛家的思想在裏面。道家是一向嚮往於返本復始的。佛教的涅槃境界，亦是一種宇宙開闢以前的境界。道佛兩家，雖形成為中國社會的兩宗教，但他們的教理中，都不信有上帝和造物主。反而孔、孟儒家，還沒有把古來素樸的天帝觀念破棄盡。但古儒家的宗教情緒，是積極奮鬥向前的。而道佛兩家教理，則教人靜觀清修，意態偏近於消極。他們的理想，不在積極向前，開闢新道，而在回頭轉身，歸到宇宙的原始境界去。在宇宙的原始境界裏，根本便沒有人類之存在。而在此宇宙中，又沒有一位上帝在創造，在主宰，如是則人類只是偶然地出現而存在。因此，道佛兩教對於此人類之偶然出現而存在，並不承認它有代表著宇宙開展向前之一項大使命，而人生現實，則變成是終極無味的。

宋儒刻意要扭轉這一個觀念，他們仍要建立起人生的積極意義來。他們把一個「理」字，來替出了道家之「無」與佛家之「涅槃」。他們因此承認宇宙是一個合理的宇宙，則人生也該是一個合理的人生。其出現，其存在，都有理。其所以要修身、齊家、治國、平天下，也都全有理。但把人之所以要修身、齊家、治國、平天下的一段心情，卻輕輕放過了，而但求其合理。理則是外在而先定的，中間插不進意志與情感，如是則理想的人生中，豈不也用不到情感與意志。宋儒似乎把一「欲」字來替代了人的情感與意志一切動進的部分了。如是則人生只求合理，便成為一個終極靜定的人生，在人生中減輕了人自身之主要活動。他們所謂的人性，也只偏重於人性之本質，而忽略了人性之可能。古儒家從人性可能來講人性本質，而宋儒則倒轉來從人性本質來講人性可能。此一轉晌間，情味精神都不同了。周濂溪提出「主靜立人極」的主張，為此後理學家所承襲。如是則人生中，缺少了人自身的活動，於是激出陸、王一派，要重把人自身的成分加重。因此陸、王講學，都必推尊到孟子。

十一

說到這裏，另有一點須分說。宋儒講格物窮理，又與近代西方新科學興起後的人文精神有不同。因西方新科學興起，乃在他們文藝復興之後，他們正從中古時期耶教教理中脫出，他們要由靈魂回返到肉體，高擡人的地位，重視現實人生。因於新科學發現了種種物理，把物理看明白，正好盡量發揮人生欲望，一意向前，無限向前，來克制自然界。因此近代西方，科學發明，只供現實人生作利用。換言之，科學發明是工具，是手段，科學為奴不為主。中國宋儒則先認定宇宙原始是一個理，而人生開始，一落實到氣質上，便有些不合理。把人生認為自始有不合理，而努力求向於合理，此乃宋儒思想中，仍帶有宗教性之處。所以認為人生自始即不合理，此乃受道佛兩家的影響。所以仍主張宇宙原始合理，而人生必回歸於合理，則由古代儒孔、孟思想中轉化來。因此宋儒格物窮理，乃是把理來作一切之主宰，他們把人文道德與自然物理，一併用一個理字來包括。研窮物理，並不在供人利用，正為要發現出人性本質，來指示人生所應有之一切規範。因此，近代西方科學是「明理以達欲」，它的終極精神是動進的。而宋儒格物窮理是「明理以克欲」，它的終極精神是靜退的。

近代西方科學精神，用來供人生之驅遣，其毛病則出在如宋儒所指出的人欲上。他們無法對人欲施以節制與規範，而只想用科學來滿足人欲。不幸而人欲到底有無可滿足之一境。最近西方思想界，正想再回頭到耶教教理上來補救此缺陷。但在西方思想中，科學與宗教，顯然是分道揚鑣，各不相顧的。能否重振耶教教理來補救此科學世界中之人欲橫流的現象呢？此在近代西方思想界，正是一該努力探討的大問題。若如馬克思一派所謂科學的歷史觀，他們也想把自然科學界所發明之一切律令來律令人生界。人生是唯理的，是一切前定的，因此人生只許有公，即群眾與階級，而不許有私，即個人與小社團。公的便是理，私的便是欲。把公來克制私，把理來克制欲，這是宋儒所最鄭重提出的。但宋儒是要每一個人從其自心內部之代表公的理的部分，來自己用力，來克服他自心內部之代表私的欲的部分，那仍是屬於個人自身自心事，仍是屬於個人之道德範圍，自由範圍內。現在則在人的外面，用群眾來抑制個人，這是一種社會的，外力的，從高壓下。因此宋儒仍不脫宗教性，而近代西方之唯理論者（在他們則自稱唯物論者），則轉成政治性。他們先要奪得政權，然後再把他們之所自認為理者來強制一切人，來壓迫一切人。清儒戴東原著《孟子字義疏證》一書，力排宋儒所主「理欲之辨」，認為是意見殺人。其實宋儒主張，並不如戴東原所斥。但現在的共產主義階級鬥爭與極權政治，卻真如戴東原書中所斥的以意見殺人了。

宋儒說，在人性中，有天理的部分，他們稱之為「天地之性」。有人欲的部分，他們稱之為「氣質之性」。人則必然該把自己人性中的天理部分來克制自己人性中的人欲部分。而現在的共產主義者，則決不承認有人性。只把人，在其經濟背景下，分成為兩部分。一部分代表著公理，一部分代表著私欲。於是那一部分代表公理的，待其奪得政權後，便把這一部分代表人欲的改造，改造不成，那就該剝奪其生存權，不許其再存在。那樣的橫施壓迫，即在上帝，也並無此權力。耶教雖主張人類的原始罪惡觀，但也還得留待世界之末日審判，並不主張即在當前現實世界來清算人類一切罪惡呀！所以我們說：共產主義乃是一種以意見殺人的理論，這是絲毫不錯的。

我們根據上述分析，因此說，後代中國人思想，雖和古代中國人思想有不同，但還不失其有傳統上的一貫性。還是在尊重人性，還是在主張個人之自性自行之最高自由。這一層，是宋儒程、朱所以仍不失為古代儒家孔、孟傳統之所在。

第三講　德　行

一

上面我們已講過了兩次，一次講的是「道理」，一次講的是「性命」。道理是從外面講，性命是從內部講。

若我們向外面看世界，可有兩種不同的看法，一是看成為一個「道的世界」，一是看成為一個「理的世界」。道的世界是正在創造的，理的世界是早有規定的。實際世界則只是一個，我們可稱之為「道理合一相成」的世界。道的世界是活動的，但其活動有範圍，有規定。理的世界是固定的，但在其固定中，仍容有多量活動之餘地。

我們講道理，主要是講一種宇宙觀。講性命，則主要在講人生觀。

人生也可分兩部分來看，一部分是性，人性則是向前的，動進的，有所要求，有所創闢的。一部分是命，命則是前定的，即就人性之何以要向前動進，及其何所要求，何所創闢言，這都是前定的。惟其人性有其前定的部分，所以人性共通相似，不分人與我。但在共通相似中，仍可有各別之不同。那些不同，無論在內在外，都屬命。所以人生雖有許多可能，而可能終有限。人生雖可無限動進，而動進終必有軌轍。

上面兩講，一屬宇宙論範圍，一屬人生論範圍，大義略如此，但所講均屬抽象方面。此下試再具體落實講，將仍分為兩部分。第三講的題目為「德行」，此一講承接第二講，為人生界具體落實示例。第四講的題目為「氣運」，承接第一講，為宇宙自然界作具體落實之說明。

二

中國思想與西方思想有一極大不同點。西方有所謂哲學家，但中國則一向無哲學家之稱。西方有所謂思想家，但中國也一向無思想家之稱。若我們說，孔子是一個哲學家，或說是一個思想家，在我們終覺有些不合適。這一點心理，我們不該忽略與輕視，因在此上，正是中國思想與西方思想一絕大不同之所在。

講來，還是無所得。就常情說，人生總該有所得，讓我們且分幾方面來講。一是得之於當世。上面我們已講過，人生即代表著許多欲望，如目欲視，耳欲聽，人身上每一器官，即代表一欲望，或不止代表一欲望。如人的口，既要吃，又要講話，至少代表了兩欲望。人身是欲望之大集合，滿身都是欲望。欲望總想能滿足，可是某一欲望之滿足，同時即是某一欲望之消失。因此一切享受皆非得，如吃東西，又要吃美味的東西，但只在舌尖上存留不到一秒鐘，嚥下三寸喉頭便完了。食欲味覺是如此，其他欲望又何嘗不然呢？立刻滿足，即立刻消失了。孟子說：「飲食男女，人之大欲存焉。」人類要保持生命，有兩大條件，即飲食與男女。因此飲食男女成為人生基本兩大欲。我們誠該有飲食，誠該有男女。但如色欲，又能得到什麼呢？豈不仍是同時滿足，也即同時消失了麼？

人生在世，總想獲得財富，但財富是身外之物。若說憑於財富，可以滿足其他欲望，則一切欲望既是在滿足時即消失了，那不還是到頭總是一無所得嗎？權力更是間接的，地位又是間接的，名譽仍然是間接的。人有了權，有了位，有了名，可以有財富，有享受。孔子說：「君子疾沒世而名不稱。」那是在另一意義上講的話。若就名譽本身論，寂寞身後事，身後是非誰管得？滿村聽說蔡中郎，流芳百世，與遺臭萬年，在已死者本身論，同樣是寂寞，豈不是絲毫聲音也進不到他耳朵裏了嗎？若說建立功業，功業在滿足其他多數人欲望，在建功立業者本身，至多因建功業而獲得了財富權力地位與名譽，如上所分析，他又竟何所得呢？而大多數人欲望之滿足，豈不還是在獲得之同時又消失了？所以人世間一切功業仍還是一個空。佛教東來，即深細地發揮了此一義，佛學常語稱之為「畢竟空」。人生一定會落到畢竟空，而且人生自始至終，全落在畢竟空的境界裏，這是誰也不能否認，誰也沒有辦法的。佛家教人真切認識此境界，然後能安住在此境界中，這即是佛家所謂涅槃境界了。其實涅槃境界，還是一無所得，還是畢竟空。只是人不瞭解，硬要在此畢竟空的境界裏求所得，硬想滿足自己一切欲望，這便形成了人生種種愚昧與罪惡。

佛家在此一方面的理論，實是大無畏的，積極的，勇往直前的。他看到了，他毫不掩飾隱藏，如實地指出來。耶教又何嘗不然呢？耶教教理說人生原始是與罪惡俱來的，要人信耶穌，求贖罪，死後靈魂可以進天堂。天堂縱或與涅槃有不同，但此眼前的現實人生，豈不也如佛教般認為是畢竟無可留戀嗎？耶穌上了十字架，是不是他得了些苦痛呢？是不是他得了一個死刑呢？那些畢竟是一個空。苦痛也罷，死刑也罷，過了即完了，而且是當下即過，當下即完的，因此這些都不足計較。大凡宗教家看人生，無論古今中外，怕都是一色這樣的。

為何中國人不能自創一宗教？為何宗教在中國社會，終不能盛大風行呢？為何一切宗教教理，不能深入中國人心中呢？正為中國人看人生，卻認為人生終是有所得。就普通俗情看，說中國人是一種現實主義者，但深一層講卻並不然。中國人心中之所認為人生可以有所得，也不是指如上述的一切現實言。而中國人心中則另有一事物，認其可為人生之所得。這一事物，也可說它是現實，也可說它非現實。讓我再進一步來申說。

四

中國人認為人生終可有所得，但此所得，並不指生命言。因生命必有終了，人生終了必然有一死，因此生命不能認為是所得。至於附隨於此生命之一切，更不能算是有所得。此一層，中國古人也看到，只沒有如其他宗教家般徹底盡情來描述它。因在中國人心中，認為在此生命過程中，人生還可有所得，而求其有得則必憑仗於生命。因此中國人對生命極重視，乃至附屬於生命之一切，中國人也並不太輕視。孟子說：「食色性也。」飲食男女既為人生所必需，並可說此乃人生本質中一部分。因此在人生的意義與價值內，即包括有食與色。孟子說性善，連食色也同是善，此乃人生之大欲，人生離不開此兩事。食色應還它個食色，不該太輕視。孟子又說：「可欲之謂善。」食色是人生中可以要得的兩件事，而且是必需要的兩件事，因此也是可欲的，那能說它不是善？但人生不能盡於食色而止，食色之外，更有較大的意義與價值該追求。人生欲望有些要得，有些要不得。餓了想吃，是應該的，是可欲的。但若專在吃上著想，求精求美，山珍海味，適成為孟子所說的飲食之人，好像人一生來只專為的是吃，那就要不得。

我們既說是要得的，我們便該確實求有得。如餓了想吃便該吃，而且須真個下嚥了，進到胃裏消化著，這才是真有所得了。故孟子又說：「有諸己之謂信。」信是說真的了。真有這一會事，真為我所得。如在我面前這一杯水，我須拿到手，喝進口裏，真的解了我之渴，這才是有諸己之謂信。畫餅充饑，望梅止渴，既非真有諸己，便不是信。

孟子又接著說：「充實之謂美。」譬如吃，若餓了，吃得一口兩口，譬如飲，若渴了，喝得一滴兩滴，不解我饑渴，那還不算數。人生凡遇要得的便該要，而且要真有得，又該得到個相當的分量。如見一塊羊肉，那不算，須能真吃到那羊肉。而且只吃到一絲一片，嘗不到羊肉味，仍不算。必須成塊吃，吃一飽，我們才說這羊肉味真美。美是美在其分量之充實上。如路見美女，瞥一眼，覺她美，便想和她能說幾句話，成相識。相識了，又想常交往，成朋友。友誼日深，又想和她能結合為夫婦。結合成夫婦了，又想能百年偕老。甚至死了，還想同葬一穴，永不分離。這才是美滿。常俗所言美滿，即是孟子所謂之充實，此乃圓滿具足義。故不滿不充實者即不美。

諸位或許會生疑問，孟子所講，乃指德性言，不指食色言。然當知食色亦屬於德性。德性有大小，有深淺，然不能說食色非德性。中國古人講人生，特點正在如是般淺近，不僅是大家懂，而且大家正都在如此做。由此基點，再逐步推到高深處。因此其所說，可成為人生顛撲不破的真理。宗教家講靈魂，講上帝，講天堂，講西方極樂世界，講涅槃，這些在真實人生中，並不曾實現，並不能實有諸己，更如何去求充實。凡各派宗教所講，只要確能在真實人生中兌現者，中國人則無不樂於接受。但遇不能證明，不能兌現處，中國人便不肯輕信。宗教必需得信仰，但都是信其在我之外者。而中國人則求其能真實在我之內，真實有之己，才說是可信。因此中國人講人生真理，不大喜歡講信仰，而最喜講體驗。體驗是實有之己，當下可證可驗，要不信而不可得。然後再在這些可證可驗的事物上求充實，求滿足，求推擴，求進步。

充實之不已，便會發生出光輝。如電力充實了，那電燈泡便發光。人生發出光輝來，向外照射，這光輝超越了他自己，可以照得很遠，把他的生活圈放大了，這才叫做大。故孟子又接著說：「充實而有光輝之謂大。」人生到了大的境界，便會對內對外發生多樣的變化來。讓我再作些淺譬，如一人，飲食充盈，肌膚潤澤，便見容光煥發，那即是身體內部充實而發有光輝了。又如一家和睦，夫婦好合，父慈子孝，兄友弟恭，家業隆起，博人涎羨，那即是此一家內部充實而發有光輝了。當然，上引孟子所指，並不在飲食上，不在男女上。孟子所指則指人之德性言。人能在德性上發出光輝，才始是大人。但德性並不是神奇事，人人具有，人人生活中皆具見有德性。我們不妨先從淺處說。當知愈淺便愈真，人生真義卻正在那些淺處。

大了才能有變化。孟子又接著說：「大而化之之謂聖。」此所謂化，不論內部與外部，因其光采燭照，可以隨意所之，發生種種的變化。這是中國人的理想人生到達了最高的境界，那便是聖人了。既是大而到了能化的境界，化則不可前知。因此孟子又說：「化而不可知之謂神。」此所謂神，並不是超出了人生界，到另一世界去。其實則仍只是一個人，仍在此人世界，只是人到了聖的境界，而不可前知了，我們便說他是神。這是人而神，所以中國人常愛說神聖。

五

讓我把孟子這番話，再重複說一遍。人生到這世界來，一張眼，五光十色，斑駁迷離，我們該首先懂得什麼要得，什麼要不得。其次，要得的便要，要不得的便不要。第三，要得的便該要得充足無缺陷。第四，要得充分圓滿具足，到那時便能大，便能有變化。如何說充實具足便能大，便能有變化呢？譬如山高了，便生雲氣。水深了，便起波瀾。人生墜地，赤裸裸，一切欠缺，儘向外求充實。最先是飲食，其次是男女。當他永遠在向外尋覓一些來補充自己赤裸裸一身之所缺，那他的人生永遠限於一個身。人生只是身生，又和禽生獸生有何分別呢？但到他成人了，成家了，生男育女了，那不僅是向外有所取，而且是向外有所與，他的人生已不限於身生，他的生活圈放大了。他的滿身精力已化為光彩，向外發射了。所以他以前是一個小人，此後則成為一大人了。小人指其生活在小圈子而言。小圈子的生活，我們稱之為身生。大人指其生活在大圈子而言。大圈子的生活，我們稱之為人生。小人生活，則專想把外面一切來充實其身生。大人生活，則把身來供獻與人社會。把身來供獻給人社會，遂於此見德性，於此發光輝。如是，則大家把他的生命光彩放射到外面去，在人社會中交光互映，自然會生出種種的變化。

人生若能照此指向，不走入歧途，人人能在充實的生命中，發越出光彩。光彩愈放愈大，只要他光彩所到，那裏便化成為光明。在他個人，是一個大人，是一個聖人，而更進則像是一神人了。若使人人如此，便見人生之偉大，便達人生之聖境，也可希望人生之神化了。到那時，人世界已不啻是天堂，是極樂世界，是神仙下凡。既是人皆可以為堯舜，便是人皆可以成神。只由人生實踐，一步一步達到了近是神，這豈不是人生還是終極有得嗎？只是其所得則決不在生命外，而在由於其生命過程中所完成的德性上。

六

上一講已說過，天賦人以性，因有此性始成其為人，亦始成其為我。由性始有德，故中國人常連稱德性。如人有孝性，便有孝德。人有至善之性，便有至善之德。德又稱品德，品有分類義，又有分等義。人雖同具善性，但個性不同，善可以有許多類之善。人之完成善，又可有許多等級。聖人則是至善而為人中之最高等級者。

天既賦我以善性，因此我之成德，乃得於己之內，得於我之所固有，而非向外求之而得者。

惟其是得於己之內，故要得則必可得。所以說：「君子無入而不自得。」又說：「君子素其位而行，素富貴，行乎富貴，素貧賤，行乎貧賤，素患難，行乎患難，素夷狄，行乎夷狄。」時代環境，儘管有甚多的差別，但處此時代與環境者，則總是一個我，總是一個己。我總是向自己求，則一切時代環境外面變化，可以全不成問題。

但求而得之的究是什麼呢？所謂自得，不僅是自己得之，同時是得了他一個自己，即得了一個我。試問若得了其他一切，而失了我，那樣之得，又有什麼意義呢？若我得了財產，我成為一富人。一旦破產了，我又成為一貧人。但貧富雖不同，我仍是我，於我則無所失。若我處安樂，我成為一安樂人，一旦陷入患難，我又成為一患難人。安樂與患難雖不同，我仍是一我，我仍無所失。但試問，所謂我者又究是什麼呢？你若說，我是一富人，這不可靠。因你或許一旦會變成一窮人。你若定說你是一富人，一旦窮了，這不是失掉了你了嗎？縱使不變窮，死了，財帛珠寶，帶不進棺材，你仍是失掉了你。當知人之生，天賦以人之性，因其具有了人性，始成其為人，不能說有了財富安樂，始成其為人。於人之中有我，因我在人性中，又有我自己之個性，纔始成為我，不是有了財富而始成為我。但個性又指什麼而言呢？如舜是一大孝人，周公亦是一大孝人，孝是一種德性。舜與周公完成此德性，所以舜與周公是孝子。孝子是人生中一品目，一樣色，舜與周公則確然成為一個有品有樣子的人。但舜與周公，一處貧賤，一處富貴，一處安樂，一處患難，時與境絕不同，可見時境與人生實無大關係。

我要孝，我便能得孝，孝是率性，同時是立命。因我要得便可得，故說是立命。而且孝出乎人之天性，我要孝，則只是要孝，孝之外無他求。因此行孝乃當下而即是，現前而具足，報應即刻兌現，所謂心安而理得。如是則孝之德，乃是一種大自由與大自在。此種自由自在，中國人又稱之為福。故又稱「自求多福」，又常福德兼言。當知只有有德人，纔始是有福人。

中國人又常重德不重才。因德乃求之己而無不得，因此重德便走向安與平。才則求之外而不必得，因此，重才可以走向危與不平，即亂。重德便有福了，太平了。重才便各向外面去求得，才儘大，他的生活圈，卻可反成小。因此小人也可有才，卻不能說他可有德。

或許人會說，舜與周公死了，豈不那孝行也完了嗎？當知舜與周公雖死，但他們生前，由於他們之孝行而發越出光輝，此種光輝則常存天地間人世間。所謂光輝，須得映照進別人心裏，再反射出來，始成是光輝。富人照耀人眼者，是他的財富。財富失去，他便闇然無色了。而且，財富決不是生命，孝行則是生命本身真實的表現。所以獲得財富，並非獲得了生命。質言之，彼乃以生命去換得了財富。舜與周公，則以孝行獲得其生命之充實。

人或許會問，若說孝獲得了生命之充實，不孝與貪財，豈不同樣也獲得了生命之充實嗎？但人誰肯自認為不孝與貪財呢？當知不孝與貪財是惡德。所以說是惡德者，因人若不孝與貪財，必深自掩藏，不肯坦白自承認。世儘多不孝與貪財人，但相互間，並不相崇敬。但孝子與疏財仗義人，不僅彼此知相慕敬，即異世人亦慕敬之不衰。世間只聞有孝子感化了不孝子，有疏財仗義人感化了貪財者。絕不聞有不孝子感化了孝子，有貪財人感化了疏財仗義人。此因孝與疏財仗義，乃人類之公心，即人之性。故人心凡具此德，便易聲氣相通，風義相感召，故稱這樣的人為大人，說他有光輝，能照耀，能把人世間黑暗也化為光明。至於如不孝與貪財，此乃出自各人個別之私心，即人之欲。既是私心各別，故聲氣不相通，無所謂風義感召。這樣的人，老封閉在自己私心私欲的小圈子內，只稱是小人。他沒有光輝照耀到外面，外面光輝也照耀不透他的心。在他生時，已是漆黑一團，與外面人生大圈隔絕不通氣。他死了即休，那能說他也獲得了生命之充實？

只有具公心公德的人，纔是充實了生命，纔可供給別人作榜樣，我們稱他是一個像樣人，即有品有德人。只要有人類生存，只要那人生大圈存在，那些像樣人，有品有德人，永遠把他那樣子即品德留在人心與人世間。讓我舉近代人作一例，如孫中山先生，他也處過貧賤，也處過富貴，又處過患難，又處過夷狄，但孫中山畢竟完成了一個孫中山，他已完成了一個大人樣子。因他有品有德。今試問，孫中山先生畢生究竟獲得了些什麼呢？若說他留了名，則寂寞身後事，苟非有得，則身後之名又何足貴。若論他功業，他手創中華民國，到今還是多災多難。他自己臨死也曾說：「革命尚未成功」，這也不算有所得。然則他究竟得了些什麼呢？我們只能說，孫中山先生成了品，成了德，即成了他那一個人。他那一個人，已投進了人生大圈了。因此他有福了。袁世凱死而有知，必然在悔恨，但孫中山先生則無所悔恨呀！

何謂人生大圈，此語像甚抽象，但卻甚具體，甚真實。凡屬人生小圈中事，當知皆虛幻不實，當下即成空。一切宗教家，都會指點你認識當下即空的那一套。如說安樂，你可當下否認，安樂何在呢？你這一想，當下安樂即成空。如說貧賤，你仍可當下否認，貧賤何在呢？你這一想，當下貧賤即成空。其他成功失敗，一切具如是。凡屬小圈人生，具可如是當下否定了。但在人生大圈子裏，卻有絕不能否定的。如說孝，在我心中真實覺得有此一番孝，在別人心裏，也會真實覺得我有此一番孝，那孝便成了品，成了德，無可否認。人生中只有無可否認的，我們纔該盡力完成它。也只有無可否認的，纔是最易完成的，纔是人生之確然有得的。

我們再具體說，人生過程，只是要做人，從頭到尾，人生只是盡人事，要做人。但做人不能做一抽象人，須做一具體人。若求做一具體人，則必須做成一自己，即我。我之為我，則在我之品德上。孟子說：「彼人也，我亦人也，有為者亦若是。」他能做一人，我亦能做一人。抽象說，同是一人。具體說，彼是彼，我是我，其間有不同。做人則該做到盡頭處。做人做到盡頭，還只是在品德上。此即孟子所謂的盡性。盡性便可稱完人，所謂父母全而生之，子全而歸之。全而歸之者是完人，完人也即是聖人了。聖人無他異，只是做成了一個人，即自己，即我。即在我之品德上，確然完成了一人樣子。

七

讓我再舉《孟子》書中三聖人作例。孟子說：「伊尹，聖之任者也。伯夷，聖之清者也。柳下惠，聖之和者也。」此三人，同樣是聖人，因其同樣做人做到了盡頭，同樣有他們各別的個性。三人個性各不同，而其各自完成了一個人樣子則同。立德從外面講，從人生大圈講，是在創造一人樣子。用今語說，是在建立一個人格標準。若我們處在黑暗世、混亂世、污濁世，我們豈不盼望有一人，肯挺身出頭來擔責任，積極奮鬥，多替那世界做些事。伊尹便是那樣子的人，而他又能做到盡頭處，所以說他是聖之任。在黑暗世、混亂世、污濁世，我們也盼望有人能乾淨，潔白，皎然出塵，污泥不染，獨保其光明。伯夷便是那樣子的人，而他也做到了他的盡頭處，所以說他是聖之清。在同樣世界裏，我們同樣又盼望有一人，能和平應物，與世無爭，對人無隔閡，無分別相，到處不得罪人，而同時又成全了他自己，絲毫無損害。柳下惠便是那樣子的人，而柳下惠也做到了柳下惠之盡頭處，所以說他是聖之和。今不論是任是清抑是和，在這黑暗混亂污濁的世俗裏，一人如此，便救得這一人。人人如此，便救得這世界。他們三人，已做成了異乎人人所能，而又同乎人人所求的三種做人的榜樣，即三個偉大的人格來。而且要在此黑暗世、混亂世、污濁世救己而救人，也逃不出此三榜樣。所以說此三聖人者，皆可以為百世師。他們是在己立立人，己達達人，行大道於天下。今天的我們，一切罪惡苦痛，正為缺少了一批能任能清能和的人。我們正該師法伊尹、伯夷與柳下惠，來完成我們自己，來救回這世界。此三人則成了三種品格。此下如孟子近似伊尹，莊周近似伯夷，老子近似柳下惠。一切大人物，大概不離此三格。若求更高出的，便只有孔子。孔子乃聖之時者，他能時而任，時而清，時而和，他可以變化不測，樣樣都像樣，所以孔子人格不僅是大而化，又是化而不可知，這真是近乎若神了。

說到這裏，我們便可明白春秋時叔孫豹所謂人生之三不朽。不朽，即如今宗教家所講的永生。惟宗教上之永生指死後之靈魂言，中國人所謂不朽，乃指人生前之德性與功業及其思想與教訓言。但此三不朽，主要還在德性上。德性是以身教，以生命教。他做出一人樣子，好讓後人取法，為百世師表。試問世上功業那有比此更大的？又那有其他言論教訓，比此更親切，更真實的？而在他本身，只完成了他自己，此所謂成己而成物。如有人，獲得財富一百萬，不僅他自己成了一富翁，而此一百萬財富，可以盡人取用，歷百千萬年，盡人取用他此一百萬，盡人成了富翁，而他依然保留得此一百萬，分文也不少，那不是神是什麼呢？若有這樣人，又那能說人生到頭一場空，無所得，一死便完了呢？

說到這裏，人生一切皆空，惟有立德是不空。立功立言如畫龍點睛，還須歸宿到立德。德是人生唯一可能的有所得，既是得之己，還能得於人。中國人俗話說，祖宗積德，可以傳子孫。我們當知，人類文化演進，究竟也不過是多添一些人樣子，多創造出一些理想人，多教人可以走上確有所得的人生之大道。那些事便全是前人積德。德積厚了，人人有德，那時的人世界，便成了神世界。

以上這樣的想法，真是中國人所獨有的人生觀，也可說是中國人所獨創的一種宗教，我們則該稱之為人文教。亦可說是一種德性教。我們若把中國人此一觀點來衡量世界其他各宗教，耶穌亦是一有德者，釋迦亦是一有德者，中國人稱高僧為大德。若只就其有德言，則一切宗教，全可不再有此疆彼界之劃分。因此在中國思想之德的觀念下，堯、舜、禹、湯、文、武、周、孔，固然是傳統相承，諸聖同德。即東海、西海、南海、北海有聖人，又何嘗不是諸聖同德呢？此諸聖在人文大圈內，則一齊融化了。各有品，各有德，集此各品各德，放大光輝，此之謂人文，此之謂文化。人生所得，便是得了此文化。得了此人文之大化。而其基礎，則在各人所得之一品一德上。

八

以上述說了中國人關於德的觀念之大義竟。但我以上所述，多引用了孟子話，因關於此一面，孟子的話，幾乎可以代表中國儒家全部的意見。其實道家也極重德，莊老書中德字，較之《論語》《孟子》更多了。而且《莊子》書中也提出許多關於理想人的話，惟莊子不喜稱聖人，故改稱至人與真人。而在至人真人之上，也同樣有神人，那即是人而神，與孟子同一想像。此一種人而神的觀念，在道家傳統之演進裏，變成了後世神仙思想之淵源。

其次再說到佛家，南朝生公已竭力主張人皆有佛性，惟其人皆有佛性，故人人皆可成佛，豈不與孟子人皆可以為堯舜之說，異途同歸嗎？但生公所謂之頓悟，還是指其悟於理而言。到唐代禪宗興起，始單提直指，專言「明心見性」。禪宗之所謂性，乃指一種覺。其實凡所謂得於性，則必然成其為一種覺。此覺，乃一種內在之自覺。若說人生一切空，惟此一種內在之自覺則決不空。由禪宗說來，一旦大徹大悟，覺性當下呈露，即現前具足，立地可成佛。如是則涅槃即在眼前，煩惱世界轉瞬成為極樂淨土，更何待於出世，更何待於再生？當知此即仍是中國傳統思想裏之所謂德。得於性而內在具足，再無所待於外，在儒家則成為聖，在道家則成為真，在佛家則成為佛。三宗教法各異，但就其德的一觀念而言，則仍是相通合一，不見其有異。於是修行佛法，可以不必再出世，即在塵俗中，一樣可證果。於是把原始佛教的出世情緒沖淡了，仍轉回到中國傳統思想所側重的那一番內在自覺之德上。

惟其中國傳統思想裏德的一觀念，有如是深潛的力量，因此直到宋儒格物窮理一派，如朱熹說：「眾物之表裏精粗無不到。」那豈不已完成了窮格物理的終極境界了嗎？而他還得補一句再說：「吾心之全體大用無不明。」當知此一句，便是指的內在自覺之德了。若有德，則在他自己心下該無不明。若沒有了這一德，則外面一切物理，儘使窮格無遺，還是與自己人生無交涉，人生畢竟仍是一場大脫空。試問窮格了物理，人生所得者又何在呢？若說是有所得，則仍必回到肉體人生一切衣食住行種種物質享受上。但那些，如我上面所述，早已為各派宗教所看不起，認為到頭一場空。我們若明白得此意，便知宋儒格物窮理之學，畢竟與近代西方科學精神仍不同。而如我上面所說，在中國思想裏，科學與宗教可以會通合一之點，也可由此羼入了。

九

中國人重德，因此更重行。孔子曰：「知之者不如好之者，好之者不如樂之者。」若說思想，畢竟僅屬知一邊，好之便開始轉到行的方面來，樂之則純出行的一面，即是所謂德了。人生畢竟重在行，重在德。僅是知，包括不了全人生。而且憑空人那得會有知？必是行了纔有知，而且知了仍須行。知只如夏螢在飛行時那尾巴後梢發的光。所以中國人一向看重行，更勝於看重知。中國古代《尚書》裏早說：「知之匪艱，行之維艱。」這是教人須重行。明代王陽明也說：「即知即行，不行仍是未知。」仍是教人去重行。他又說：「知是行之始，行是知之成。」但此所謂知，所指是良知。良知則不求知而早自知。良知即是天所賦與人之性，如是則仍是重在行。最近孫中山先生又說：「知難行易。」他的意思，還是鼓勵人去行。如是則在中國社會，便不易產出如西方般的思想家。

法國哲學家孔德，曾把人類思想分成三階段，起先是神學的，宗教的。其次是玄想的，哲學的。最後始是實證的，科學的。如照孔德分法，中國思想很早便走上第三階段，即孔德所謂的實證。於何實證？則只有實證之於行。科學的長處，長在可以隨時切斷，隨處切斷，逐步求實證。如演算草，二十二加三十一，儘可分開算。二加一等於三，先把此一節切斷，看它對不對。如對了，再算二加三，等於五。又對了，那總數是五十三，再也不會錯。當知一切科學，全可如此把來切斷，逐步去求證，一步對了再一步。

研求自然真理當如此，研求人生真理，也得該如此。孔子說：「學而時習之，不亦悅乎！」此可以切斷下文，單從這一句求實證。你試且學而時習之，看己心悅不悅，儘不必連看下一句。縱使下一句有錯，這一句先可實證確定它不錯。然後再及下一句，「有朋自遠方來，不亦樂乎！」你也儘可不連上，不接下，切斷看，單去實證它對不對。如有朋自遠方來，且看你心樂不樂。待你學養工夫深了，孔子說：「人不知而不慍，不亦君子乎！」這一句，一樣可切斷看。遇人不我知，試看我心慍不慍。若我心覺有慍，試問為何生有此一慍，成不成君子？因此孔子這些話，在中國人說來是德言，即所謂有德者之言，此乃由人生實踐確有所得了纔如此說，不是憑空由思想來。你要明白孔子這三句話，也只有如孔子般，同樣去人生實際求實證。

或有人懷疑，中國一向無哲學，甚至說中國沒有系統嚴密的思想。在中國，一些傳誦古今的話，只像是格言，零零碎碎，各不相顧，好像只是些經驗談，又像是平淺，又像是武斷，又像是神秘。其實這是中國人把行為實證與語言思想，融合成一片，相顧並進而有此。中國人思想，則務求與體驗合一，不讓思想一條線單獨地直向前，這是中國思想之妥當穩健處。中國人務求把思想與行為交融互化，一以貫之，此乃中國思想一大特點。若以言證言，又以言引言，說了一大套，到頭只是一番閒說話，距離人生實際反遠了。驟然看，不是沒有奇偉深密處，但回頭配合到實際人生來，便總有所不合。

西方思想，正為好從一條線引申推演到盡頭處。如說宇宙何由始，萬物何由生，人生終極到底為的是什麼？不論宗教家和哲學家，都好在此等處用心思，儘推演，儘引申，未嘗不言之成理，持之有故，自成了一套理論，但與實際人生則愈離而愈遠。而且那一套，又是有頭有尾，竟體完密。若說它錯了，竟可是通體錯。於是只可說：「吾愛吾師，吾尤愛真理。」不得不從頭另再來一套。於是真理是真理，人生是人生。這一派是這一派，那一家是那一家。我們讀西洋哲學史，真可說是上天下地，無奇不搜。極斑斕，但也極駁雜。極齊整，但也極破碎。若僅是一哲學家，著書立說，託之空言，還不打緊。若認真要把此某一家所發現主張的真理來確實表現到人生，來強人以必從，又或憑藉政治力量來推行實現此真理，這總不免會出大毛病。即如柏拉圖的理想國，幸而在當時，沒有人切實去推行。近代如馬克思，他的唯物史觀，豈不也首尾完具，自成一套嗎？不幸是真有人來憑藉力量，想推行實現此一套，於是便鬧出了大亂子。其病則在從純思辨純理智的路上來求真理，真理只在思索上，只在言辨上。不知一切思索言辨，本從人生實際來，而人生實際，則並不從思索與言辨來。純思維純理智的路，越走越遠，只能說人生中可有此一境，但此一境則走偏了，決不是人生之大全，而且也不是人生主要的中心。

人生實際，則徹頭徹尾是一個行。在馬克思當時，對他資本主義之弊害，亦非無所見。若能見到這裏，從這裏下手，且把當時所見資本主義之弊害，就人性人道人生實踐中，隨宜逐步求改變，初看好像是頭痛醫頭，腳痛醫腳，太不徹底了，但如此決不見大毛病。現在則所見只在一點上，由此一點演繹引申，自成一大全體，此一全體，則是純思維純理智的，只成為一個哲學思想的體系。這一套真理，則是一套哲學的真理。由此再回頭來，把他那套真理推進實際人生，則早不是那麼一回事。現在人都知馬克思的預言是錯了。但畢竟還有人在愛惜他那首尾完整，在語言邏輯，在理智思索上所編造出來的那一套真理。

讓我再說一淺譬吧！譬如醫生診病，就病論病來治病是應該的，卻不該因見了病，而推演引中開去，從思辨上，在意想中，創造出一個不會有病的理想體格來，然後再回頭，把此理想體格來改造人身之結構。如此的醫理，則非殺盡天下人不可。所恨者，殺盡了天下人，而此一種理想體格，除卻在其思想理論中出現以外，仍不能在人生實際中出現。

十

我此上之所說，並不是在批評馬克思，我是在批評那些把知行分別開，讓思想單獨演進，於純思維純理智中見真理，而再回頭來強人以必從的那一套。若從中國人觀點，言顧行，行顧言，不把言語單獨地演進，因此名言邏輯之學，在中國思想史裏特別不長進，而中國也遂沒有了哲學家。中國人未嘗不思想，但想了一頭緒，便轉向當前人生實際求可能之體驗與實證。因此不會有大出錯。所以說：「默而成之，不言而信，存乎德行。」

孔子又曾說：「思而不學則殆，學而不思則罔。」又說：「我嘗終日以思，無益，不如學也。」學，效也，覺也。須知與行合一並進始是學。而且學已偏重在行的一邊了。因此在中國，則特別重視一學者。中國人又常稱此人有學問，不稱此人有思想。學之極致則為聖。中國人所看重的聖人，則無寧是看重此聖人之德行，尤勝於看重此聖人之思辨。此因中國人認為人生真理當由行為見，行為中即包有思辨與理智。若單從純思辨純理智的路去求真理，則決不能把握到人生真理之主要處。若要把握到人生真理之主要處，則惟有以人生實踐為中心，而一切思想理論，則常環繞此中心，不許其馳離得太遠去。至於如何是人生主要真理，其最要一項目，即如上述，乃在人生須確然有所得。因此中國人常好以「德行」兩字連言。若求人生之真實確然有所得，則自必重於行。因此在中國人德行一觀念之下，不僅個人與社會獲得了調和，而且天人之際即人生與大自然也獲得了調和。

我們又可說，中國人的重德觀念，頗近於西方人之宗教精神。而中國人的重行觀念，則頗近於西方人之科學精神。惟在西方，宗教與科學，各走一端，而各走不到盡頭處。若求走到盡頭，反會出大毛病。只有中國，乃求以人文科學之實踐精神，即體驗方法，來求到達與完成中國人人文宗教之理想與追求。中國人以人文為中心，即以人性為中心，故可儘教人走到盡頭處。愈能走盡則愈好。因此中國人希望有全德，有大德。如是則在中國人德行合一的觀念下，西方宗教與科學兩途，也可獲得了調和。

第四講　氣　運

上面三講，第一第二講道理與性命，乃從抽象的理論方面原則方面來述說中國思想裏的宇宙觀與人生觀。第三講德行，則承續第二講，從人生原理具體落實下來講到人生之實踐。今天輪到第四講，我的題目是「氣運」二字。此講承續第一講，從宇宙原理具體落實到人生實踐時所發生的許多觀點和理論。換言之，前兩講是抽象的來講宇宙是什麼？人生是什麼？後兩講是具體的來講人生是什麼？宇宙是什麼？會合此四講，我希望能描述出中國思想一個大概的輪廓。

一

中國人常講氣運，若把此兩字分開，便是氣數與命運。尤其在時代黑暗，社會動亂，乃及個人遭遇不幸、困難、挫折、失敗時，總喜歡說到氣數與命運。這「氣數」與「命運」兩觀念，卻不能簡單地說是中國世俗的迷信。其實此兩觀念，在中國傳統思想史裏，有其根深柢固的立足點。這是中國傳統思想普遍流傳到全社會，深入人心，而有其堅厚的外圍，與其深微的內涵的，我們該仔細加以分析與闡發。

中國人從古到今都講到那「氣」字，氣究竟是指的什麼呢？我想中國思想裏的氣字，至少該涵有兩要義。一是極微的，二是能動的。若把宇宙間一切物質，分析到最後，應該是極微相似。惟其極微，即分析到最後不可再分析時，便必然成為相似了。若不相似，應該仍不是極微，仍屬可分。那一種極微相似，不可再分析的最先物質，乃宇宙萬物之共同原始，中國人則稱此為氣，因此亦常以「氣」、「質」連言。

試問這一種極微相似的氣，如何會演變出宇宙萬物的呢？這就要講到氣之第二特性，即氣是能動的，不停止的，不能安靜而經常在活動的。惟其如此，所以能從極微相似變化出萬有不同來。

此氣之變化活動，簡單說來，只有兩形態。一是聚與合，又一是散與分。宇宙間只是那些極微相似的氣在活動，在聚散，在分合。聚而合，便有形象可覩，有體質可指。分而散，便形象也化了，體質也滅了。聚而合，便開啟出宇宙間萬象萬物。分而散，便好像此宇宙之大門關閉了，一團漆黑，一片混沌。中國人稱此聚而合者為氣之陽，俗語則稱為「陽氣」。分而散者為氣之陰，俗語稱之為「陰氣」。其實氣並沒有陰陽，只在氣之流動處分陰陽。氣老在那裏一陰一陽，一闔一闢，此亦即中國人之所謂道。所以道是常動的，道可以包有「正」、「反」兩面，道可以有光明，也可以有黑暗。理則附於氣而見。如二加二等於四，二減二等於零，同樣有一理附隨著。

氣既是極微相似，必積而成變。所謂變，只是變出許多的不相似。那些不相似，則由所積之數量來。所以我們說氣數，此數字即指數量。氣之聚，積到某種數量便可發生變。其積而起變的一段過程則稱化。如就氣候言，一年四季，從春到夏，而秋，而冬，這是變。但變以漸，不以驟。並不是在某一天忽然由春變夏了，乃是開春以來，一天一天地在變，但其變甚微，看不出有變。我們該等待著，春天不會立刻忽然地變成了夏天，只是一天天微微地在變。此種變，我們則稱之為化。等待此種微微之化積到某階段，便忽然間變了。到那時，則早不是春天，而已是夏天了。

再以火候來說，如火煮米，不會即刻便熟的。但究在那一時米忽然煮熟了的呢？這不能專指定某一時而言。還是積微成著，熱量從很小的數字積起，我們仍得等候。鍋中米雖不立刻熟，但實一秒一秒鐘在變，惟此等變，極微不易覺，像是沒有變，故只稱為化。但燒到一定的火候時，生米便變成了熟飯。

我們的生命過程也如此，由嬰孩到幼童，從幼童到青年，從青年而壯年而老年而死去，也不是一天突然而變的，還是積漸成變，此積漸之過程，則亦只稱為化。

因此宇宙一切現象，乃在一大化中形生出萬變。若勉強用西方哲學的術語來講，也可說這是由量變到質變。因中國人說氣，乃是分析宇宙間一切萬物到達最原始的一種極微相似。就氣的觀念上，更不見有什麼分別。盈宇宙間只是混同一氣，何以會變成萬物的呢？其實則只是此相似之氣所積的數量之不同。如是則一切質變，其實盡只是量變。宇宙間所形成的萬形萬象，一句話說盡，那都是氣數。

因此，氣數是一種變動，但同時又是一種必然。此種變動，從極微處開始，誰也覺察不到，但等他變到某一階段，就可覺得突然大變了。孟子說：「我善養吾浩然之氣。」那浩然之氣如何養的呢？孟子說：「此乃集義所生。」何謂集義？只要遇到事，便該問一個義不義，義便做，不義便不做。故說：「勿以善小而弗為，勿以惡小而為之。」起先，行一義與行一不義，似乎無大區別，但到後便不同。孟子又說：「以直養而無害。」平常所謂理直氣壯，也只在某一時，遇某一事，自問理直，便覺氣壯些。但若養得好，積得久，無一時不直，無一事不直，那就無一時無一事不氣壯。如是積到某階段，自覺仰不愧於天，俯不怍於人，這如火候到了，生米全煮成熟飯，氣候轉了，春天忽變為夏天。內心修養的功候到了，到那時，真像有一股浩然之氣，至大至剛，塞乎天地，莫之能禦了。那一股浩然之氣，也不是一旦忽然而生的。《中庸》說：「所過者化，所存者神。」浩然之氣近乎是神了，但也只是過去集義所生。因在過去時，以直養而無害，積義與直，積得久而深，一件事一件事的過去，好像都化了，不再存在了，卻突然覺如有一股浩然之氣存積在胸中，那豈不神奇嗎？

這不僅個人的私德修養有如此，即就社會群眾行為言，亦如此。所謂社會群眾行為，此指風氣言。風氣是群眾性的，同時又是時代性的。在某一時代，大家都如此般行為，那就成為一時代之風氣。但風氣常在變，只一時覺察不到，好像大家都如此，而其實則在極微處不斷地正在變。待其變到某一階段，我們纔突然地覺到風氣已轉移了。若我們處在一個不合理想的時代，不合理想的社會中，我們必說風氣不好，想要轉移風氣，但我們該知風氣本來在轉移，只我們該懂得究竟風氣如何般在轉移，那我們也可懂得我們該如何般來轉移風氣了。

二

讓我們先講風氣如何般形成，再說到如何般轉移。讓我舉一個最淺之例來加以說明。女子服裝，有時那樣時髦，大家那樣打扮，便成為風氣。有時那樣不時髦了，大家不再那樣打扮，便說風氣變了。有時那一套打扮正盛行著，好像非如此打扮便出不得門，見不得人似的。但轉瞬間不行了，正為那一套打扮，纔使她出不得門，見不得人了。袖子忽而大，忽而小。裙子忽而長，忽而短。領子忽而高，忽而低。大家爭這一些子，而這一些子忽然地變了，而且是正相反地變。風行的時候，大家得照這樣子行。不風行的時候，誰也不敢再這樣行。這叫做風氣。但誰在主持這風氣呢？又是誰在轉移這風氣呢？風氣之成，似乎不可違抗，而且近乎有一種可怕的威力。但一旦風氣變了，這項威力又何在呢？可怕的，忽而變成為可恥的，誰也不敢再那樣。以前那一種誰也不敢違抗而近乎可怕的威力，又是誰賦與了它，誰褫奪了它的呢？

開風氣，主持風氣，追隨風氣，正在大群眾競相趨附於此風氣之時，又是誰的大力在轉移那風氣呢？其實風氣之成，也是積微成著，最先決不是大家預先約定，說我們該改穿窄袖，改穿短裙了。因此開風氣，必然起於少數人。少數人開始了，也決不會立刻地普遍流行，普遍獲得大群眾模倣它。最先模倣此少數的，依然也只是少數。然而積少成多，數量上逐漸增添，到達某一階段，於是競相追步，少數忽然變成了多數，這也是一種氣數呀！

本來在大家如此般打扮的風氣之下，誰也不敢來違抗的。最先起來另弄新花樣的人，必然是少數，少之又少，最先則只由一二人開始。此一二人，其本身條件必然是很美，很漂亮，但時行的打扮，或許在她覺得不稱身。她求配合她的本身美，纔想把時行的打扮略為改換過。但她這一改換，卻給人以新鮮的刺激，引起了別人新鮮的注意，立刻起來模倣她的，也一定和她具有同樣的本身美，同樣感到流行的時裝，和她有些配不合，她纔有興趣來模倣此新裝。在她們，本身都本是美女，換上新裝，異樣地刺激人注意，於是那新裝纔開始漸漸地流行了。

若我們如此般想，原來那種時髦打扮，本也由少數一二人開始。而此少數一二人，本質必然是一個美人，惟其本身美，又兼衣著美，二美並，美益增美，纔使人心生羨慕來模倣。但起先是以美增美，後來則成為以美掩醜了。因醜女也模倣此打扮，別人見此新裝，便覺得美，豈不借此也可掩過她本身的幾分醜了嗎？但更久了，大家競相模倣，成為風氣了。大家如此，見慣了，便也不覺得什麼美。而且具有本質美的畢竟少，醜的畢竟多。那一種時裝，美的人穿著，醜的人也穿著。醜人穿的越多，別人因於見了穿著此服裝者之醜，而漸漸連帶討厭此服裝。到那時，則不是以美掩醜，而變成以醜損美了。到那時，則社會人心漸漸厭倦，時裝新樣，變成了俗套。那些具有本質美的女子反受了損害。她們中，有些不甘隨俗趨時，同流合污，於是想別出心裁，照她自己身段和膚色等種種條件來自行設計，重新創出一套新裝來，於是又回復到從前以美增美之第一階段，而她的新裝遂因此時行了。

但上述轉變，也還得附有其他的條件。新裝必然開始在大城市，美女試新裝，必然是遇到大的筵宴舞會或其他交際場合之隆重典禮中，而纔得以她的新裝刺激別人，影響大眾，很快形成了新風氣。若在窮鄉僻壤，儘有美女，決不會有新裝。若閨房靜女，縱在城市，即有新裝，也不會很快地風行。故古代有宮裝，有貴族貴夫人裝，有妓裝。近代有電影明星、交際花、時代名女人等，她們在大都市，大場合，易於激動人注意。這些大場合，我們則稱之曰「勢」。縱使是美女，本質儘是美，又是新裝，修飾打扮也夠美，各種條件都配齊，但若沒有勢，仍不行。因此風氣形成，除卻創始者之內在本質外，還需其外在的形勢。而此所謂勢者，其實則仍是數。因此氣勢也即是氣數，必須數量上增到某分際始生勢。孤芳自賞，則決不會成風氣。

如上分析，可見風氣雖時時而變，但不論開風氣與轉風氣，在其背後，必有一些經常不變的真理作依據。即如女子服裝，所以能成風氣，第一，依據於人群之愛美心與其對美醜之鑑別力。第二，依據於女性自身之內在美，本質美，然後再配合上服裝修飾一些外在美，如是始可以來滿足人群之愛美要求，而始得成為一時之風尚。但江山代有異人出，燕瘦環肥，各擅勝場。如當肥的得勢，人群的鑒賞興趣，集中在肥的那一邊，那些修飾外在之美，也配合在肥的一邊而發展。瘦的美便掩蓋了。一旦瘦的得勢，人群的鑒賞興趣，又轉移到瘦的一邊來，而那些修飾外在之美，也就配合於瘦的條件而發展。所以服裝風氣之時時有變，決不當專以人心之喜新厭舊這一端，來作平淺的解釋。當知新的不就是美的，若專在標新立異上用心，也未必便能成風氣。

老子說：「天下皆知美之為美，斯不美矣。」其實天下人又何嘗真知美之所以為美呢？西施捧心而顰，東施也捧心而顰，顰的風氣即由是而形成。但盡人皆顰，則愈見顰之醜，於是顰的風氣也不得不轉移。果子熟了要爛，花開足了要謝，人老了要衰，風氣成為俗尚了，則不得不變。惟風氣必從少數人開始，此少數人開創風氣，必從此少數人之各別的個性出發。天下多美婦人，但個性不同，美的條件不同。占優勢的登高而呼，一呼百應，就成風氣。但她也必得能呼。儘在高處，不能呼，還是沒影響。能呼是她的本質美，占高處便有勢。總之，風氣之開創與轉移，必起始於少數，並且決定於少數之個性。因此，必尊重個性，培養個性，纔是開風氣與轉風氣之先決條件。

中國人常稱時代，又稱時勢。當知此一時，彼一時，彼一時必然會來代替這一時，而那更替接代之轉移契機，則有一個勢。中國人又常說：「時勢造英雄，英雄造時勢。」其實此兩語並沒有大分別。凡屬英雄，必能造時勢，而英雄也必為時勢所造成。但若轉就時勢論，也如此。儘有了時勢，沒有英雄，仍不成。當流行的時世裝變成了俗套，就得要變，但還得期待一真美人出世，而那新美人，又得要有勢。一般說來，電影明星易於影響大家閨秀，大家閨秀便不易影響電影明星。而那些空谷佳人，則更難影響人。所以風氣轉變，又須得風雲際會。雲從龍，風從虎，風雲則湊會到龍與虎的身邊。但潛龍仍不能有大作用，必得飛龍在天，那時，滿天雲氣便湊會到他身邊。

再就藝術風尚言，如幾十年來平劇旦角中有梅派，有程派。正因梅蘭芳、程硯秋兩人個性不同，嗓子不同，於是腔調韻味各不同，因此在旦角中形成了兩派。但梅也好，程也好，也都在他們所占形勢好。當知有好嗓子，能自成一派的，同時決不限於梅與程，但梅、程能在北平與上海，便得了勢，他們擁有環境薰染，擁有大眾欣賞，這些都是數。大家捧，不還是數嗎？然則在平劇旦角中忽然有梅、程出現，那也是氣數。馴致唱旦角的，不學梅，便學程，新腔漸漸變成了俗調，等待一時期，再有一位個性與梅、程不同的新角色出來，那時便有新腔調，便有新花樣，而劇臺上便轉出了新風氣。

三

以上都是些人人能曉的話，讓我們進一步探討，講到學術與思想，那也是有時代風氣的。學術思想，決然由一二大師開創。開創學術思想的人，他感到對他時代，不得不講話。他所講，在當時，常是從未有人如此般講過的。孔子以前，並未先有一孔子。孔子的話，記載在《論語》上，《論語》中所講，在以前，並非先有一部《論語》講過了。但在孔子，並非存心標新立異要如此講。只是在他當身，他內心感到有些話，不得不講。縱在以前絕未有人如此般講過，但他內心感到非如此講不可。他講了，於是有顏淵、子路、子貢一輩後起的優秀青年，跟著他來講，這樣便受人注意，講出一風氣來。但成了風氣，大家如此講，那就成為俗套了。

風氣之成必挾著一個勢，但由風氣變成俗套，則所存也只是勢利了。於是便有墨子出頭來反對。墨子所講，也有墨子一邊的真理，墨子所以能另開一風氣，另成一學派，決不是偶然的。他本身個性既與孔子不同，他的時代又不同，他也抓著一些真理，他所抓著的那些真理，與孔子有不同。於是另一批青年，如禽滑釐之徒，又大家跟隨墨子，講墨子那一套。墨學得勢了，成名了，接著又來楊朱與孟子，接著又來莊周、荀卿與老子，全走的如我上述的同一條路線。直從孔子到韓非，三百年間，你反對我，他又反對你，一個接著一個，還不像女子服裝般，窄袖變寬袖，長裙變短裙，一套一套在不斷地變化嗎？那也是風氣。

學術思想，決沒有歷久不變的，只是慢慢地變，變得比女子服裝更要慢得多。到了漢代，發生了一大變，人們都說，兩漢學術思想，和先秦時代不同了。魏、晉、南北朝、隋、唐時代，又不同了。宋、元、明時代，又不同了。清代兩百六十年，又不同了。我們此刻，和清代學風又不同了。那些變化，其實仍還是氣數，仍還是在一大化中引生出萬變，仍還如女子服裝般，依著同樣的律則在轉動。

當知一切新風氣之創闢，其開始必然在少數。而在此少數人身上，又必然有其恆久價值的本質美，內在美。此種具有永恆價值之本質美，內在美，又必早已埋伏在絕大多數人心裏。因此仍必在多數人心上顯現出。即如美女之美，也即是多數人所欣賞之美。一切美之形式之出現，不能不說是先在多數欣賞者之心裏早埋下了根。品德之美亦然。故孟子說：「聖人先得吾心之所同然。」一代大師，在學術思想上有創闢，彼必具有一番濟世、救世、淑世、教世心，而又高瞻遠矚，深思密慮，能補偏救弊，推陳出新，發掘出人人心中所蘊藏所要求之一個新局面與新花樣。他一面是挽風氣，救風氣，一面是開風氣，闢風氣。其發掘愈深，則影響衣被愈廣。但此種美，並不如女性之形體美，風度美，可以一映即顯，隨照即明。

因此一代大師在學術思想上之創闢與成就，往往舉世莫知，而且招來同時人之誹笑與排斥，只有少數聰明遠見人，纔能追隨景從。如是積漸逐步展開，往往隔歷相當歲月，經過相當時期，此項本質內在之美，始可獲得多數人之同喻共曉。但到那時，早已事過境遷，此一時，彼一時，又待另一派新學術思想針對現實，繼起創闢。而且最先此一創風氣者，彼言人之所不言，為人之所不為，在舊風氣中，彼乃一孤立者，彼乃一獨見者，彼乃一叛逆者，彼乃一強固樹異者。彼之一段精神，一番見識，必然因於其處境孤危，而歷練奮鬥出格外的光彩來。但追隨景從他的，處境不如他孤危，覓路不如他艱險，他早已闢了一條路，別人追隨他，縱能繼續發現，繼續前進，所需的精力識解，畢竟可以稍稍減輕，因而光彩也不如他發越。如是遞下遞減，數量愈增，氣魄愈弱，每一風氣，必如是般逐步趨向下坡。待到多數景從，而風氣已弊，又有待於另一開創者來挽救。

所以少數者的事業，本是為著多數而始有其價值與意義。但一到多數參加，此一事業之價值與意義，也隨而變質了，仍待後起的少數者來另起爐竈。關於學術思想，正為多數參加，其事不易，故此項風氣，可以維持稍久。而如女子服裝之類，多數參加得快，風氣改變得也快。

四

再就宗教言，姑以中國俗語所說的祖師開山為例。當知祖師開山，不是件容易事。俗話說：「天下名山僧占盡。」可是占一名山，其間儘有艱難，儘有步驟。其先是無人迹，無道路，所謂叢林，則真是一叢林。從叢林中來開山，也決不是大批人手集合著，一起來可以彈指即現的。其先只是孤零零一人，一峭巖古壁，一茅團。此人則抱大志願，下大決心，不計年月，單獨地在此住下來。附近人則全是些樵夫牧童，窮塢荒砦，他們逐漸知道有這人了，又為他這一番大志願大決心所驚動，所感召，漸漸集合，湊一些錢來供養他，乃始有小廟宇在此深山中無人迹處湧現。當知此乃祖師開山之第一步。此後又逐漸風聲播擴，信徒來集者日多。或有高足大德追隨他，繼承他，積甚深歲月，纔始有美輪美奐，金碧輝煌之一境，把這無人煙的荒山絕境徹底改換了。這是所謂的開山。

但我們該注意，那開山祖師，並不是沒有現成的寺廟可供他住下，來過他安定而舒服的生活。他為何定要到此荒山無人迹處來開山？當知在深山窮谷開闢大寺廟，不是件簡單事。他當初依靠些什麼，能把那廟宇建築起？至少在他當時，是具有一段宏願，經歷一番苦行，而那些事，漸漸給後來人忘了。後來人則只見了那座金碧輝煌的大寺廟，千百僧眾集合在那裏，香火旺盛，滿山生色。但此大寺廟，到那時，卻已漸漸走上了衰運。若使另有一位抱大宏願，能大苦行的大和尚，終於會對此金碧輝煌的大建築，香煙繚繞的大梵宇，不感興趣，而又轉向另一深山無人迹處去再開闢。這些話，並不是憑空的想像話，乃是每一住在深山大谷做開山祖師的大和尚，所共同經歷的一段真實史迹之概括敘述。

讓我更拈舉一更小的例來講。大雄寶殿的建築，是非常偉大的，在此建築前面栽種幾棵松柏來配合，這也不是件尋常事。依常情測，必然是建殿在前，栽樹在後。松柏生長又不易，須得經過百年以上，纔蒼翠像一個樣子，纔配得上此雄偉之大殿。一開始，稚松幼柏，是配不上此大殿巍峨的。但在創殿者的氣魄心胸，則一開始便已估計到百年後。當知他相擇地形，來此開山，在他胸中，早有了幾百年估量。但到殿前松柏蒼翠，與此一片金碧相稱時，那創殿人早已圓寂，藏骨僧塔了。

我有一次在西安偶遊一古寺，大雄寶殿已快傾圮了，金碧剝落，全不成樣子。殿前兩棵古柏，一棵仍茂翠，大概總在百年上下吧！另一棵已枯死。寺裏當家是一俗和尚，在那死柏坎穴種一棵夾竹桃。我想此和尚心中，全不作三年五年以外的打算，那大殿是不計畫再興修了，至少他無此信心，無此毅力。夾竹桃今年種，明年可見花開，眼前得享受。他胸中氣量如此短，他估計數字如此小，那寺廟由他當家，真是氣數已盡了。

如此想來，名剎古寺，即就其山水形勢氣象看，那開山的祖師，早已一口氣吞下幾百年變化。幾百年人事滄桑，逃不出他一眼的估量。我們上殿燒香，並不必要禮拜那些泥菩薩，卻該禮拜此開山造廟人。當知此開山造廟人之值得禮拜，在其當時那一番雄心毅力，慧眼真修，豈不確然是一個活菩薩？至於在大雄寶殿上那幾尊泥塑木雕的飛金菩薩，那只是此開山造廟人之化身而已。若無開山造廟人，試問那些菩薩那裏去泥上金碧，顯出威靈來。

五

讓我們再從宗教上的開山祖師，轉換論題來講政治上的開國氣象吧。開國更不比開山，即就近代史舉例，如孫中山先生，他為何不去考秀才，中舉人，考進士，中狀元？有著現成大廟不住，他偏去五岳進香，歷盡千辛萬苦，做一行腳僧。他立志要造一所大廟，到今天，大雄寶殿還沒有完工，殿前松柏還沒有長成，一切配合不起，所以他臨死說：「革命尚未成功，同志仍須努力。」這是何等艱鉅的一項工作呀！但若國家有了規模，社會漸漸郅治昇平，那時的政府像樣了，功名在此，富貴亦在此，於是大家都想享福，湊熱鬧，那政府也就漸漸腐化，快垮臺了，於是另有人再來做行腳僧。飛金塗碧的菩薩不再有威靈，另一批泥塑木雕的新佛，又在另一大雄寶殿裏顯威靈。世界各國的歷史，民族興衰，社會治亂，都逃不出此一套。世運永遠是如此。積微小的變動，醞釀出極大的興革來。積微成著，勢到形成，從量變到質變，從少數一二人創始，到多數大眾隨和，而定形，而變質，而開新。中國人則一句話說它是「氣數」。

我們先得能看破此世界，識透此世界，纔能來運轉此世界，改造此世界。我們得從極微處，人人不注意，不著眼處，在暗地裏用力。人家看不見，但驚天動地的大事業，大變化，全從此看不見處開始。祖師開山，不是頃刻彈指可以湧現出一座大雄寶殿來。他自己努力不夠，待他徒子徒孫繼續地努力，只從極微處極小處努力。氣數未到得等待，等待復等待，氣數到了，忽然地新局面創始了。你若問，此新局面是何時創始的，那卻很難說。你須懂得氣數二字之內涵義，去慢慢地尋究思量了。但若氣數完了，則一切沒辦法，只有另開始。譬如花兒謝了，果兒爛了，生米煮成熟飯了，便只有如此，更沒有辦法了。

上面所講的氣數，既不是迷信，也不是消極話。但一些沒志氣無力量的人，也喜歡借此說法來自慰。古書裏一部《周易》，宋儒邵康節，用數理來作種種推算。現社會一切命理推算，還是全部運用著。亦可說中國民族對歷史有特別愛好，對歷史演進，對人事變化，也特別有他們一套深微的看法。因之氣數未到，會促之使它到。氣數將盡，會續之使不盡。驚天動地，旋乾轉坤的大事業，在中國歷史上，時時遇到，中國人則只稱之曰「氣數」。這兩字，如非深究中國歷史人物傳統的思想與行為，很難把握其真義。

六

現在繼續講命運。中國人講氣，必連講數。因氣是指的一種極微而能動的，但它須等待積聚到一相當的數量，然後能發生大變化大作用。命是指的一種局面，較大而較固定，故講命必兼講運，運則能轉動，能把此較大而較固定的局面鬆動了，化解了。而中國人講氣數，又必連帶講命運。這裏面，斟酌配合，銖兩權衡，必更迭互看活看，纔看得出天地之化機來。

中國社會迷信愛講命，命指八字言，八字配合是一大格局，這一格局便註定了那人終生的大命。但命的過程裏還有運，五年一小運，十年一大運，命是其人之性格，運是其人之遭遇。性格雖前定，但遭遇則隨時而有變。因此好命可以有壞運，壞命可以有好運，這裏的變化便複雜了。

讓我們回憶上次性命一講，人性本由天命來，由儒家演化出陰陽家，他們便種下了中國幾千年來社會種種迷信之根苗。他們說，人的性格有多樣，天的性格亦如是。如春天，乃青帝當令，他性好生。冬天，黑帝當令，他性好殺。因此春天來了，眾生競發，冬天來了，大地肅殺。天上有青、黃、赤、白、黑五帝，更迭當令，由此配合上春、夏、秋、冬四季之變化，又配合上地上萬物金、木、水、火、土五行，來推論宇宙人生一切運行與禍福。這一派的思想，流傳在中國全社會極深入，極普遍，極活躍，極得勢，我們也該得注意。

此派所謂五行，其實只是五種性。他們把宇宙萬物，概括分類，指出五種各別的性格，而舉金、木、水、火、土五者作代表。既是五性，又稱五德，但何以又說五行呢？因中國古人認為，異性格相處，有相生，亦有相勝相尅。因此任何一種性格，有時得勢，有時不得勢。得勢了，可以引生出另一種性格來。同時又可尅制下另一種性格。被尅制的失勢了，但被引生的得勢，那引生它的也即失勢了。如是則萬物間此五性格永遠在相生相尅，交替迭代，變動不居，而到底仍會循著一環，回復到本原的態勢上來。如木德當令，金尅木，木德衰，金德旺。但火尅金，水尅火，土尅水，木尅土。如是則木德又當令了。又如木德當令，木生火，火生土，土生金，金生水，水生木。如是一循環，木德又得勢，又當令了。此所謂五德終始。宇宙一切變化，粗言之，是陰陽一闔一闢。細分之，是五行相尅相生。《莊子》書中所謂時為帝，即是此意。主宰天地的也在變，有時木德為帝，有時則火德為帝了。此乃一大原則，但輾轉引申，便造成種種避忌與迷信的說法來。

本來陰陽五行之說，主要在講宇宙的大動向，循此落實到人生界，於是有世運，有國運。而循次遞降到維繫主宰此世運與國運的幾個大家族與大人物，於是又有家運與某一人的運。而更次遞降，則每一人呱呱墮地，便有人來替他算八字，排行運了。那些則就不可為憑了。又由五行八字轉到地理風水，如西周都豐鎬，東周遷洛邑。前漢都長安，後漢遷洛陽。建都形勢，有關國運興衰。而循此遞降，如上述祖師開山，某一山的氣象形勢，風景雲物，山水向背，交通脈絡，這在此一寺宇之幾百年盛衰氣運，也可說有莫大關係的。但再次遞降，到某一家宅，一墳墓，甚至一門戶，一桌椅之位置形勢，吉凶休咎，便又不足為憑了。

宋儒張載曾說：「為天地立心，為生民立命，為往聖繼絕學，為萬世開太平。」此是儒家說法。大眾多數人的命，依隨於大氣運而定。大氣運可以由一二人主持而轉移。此一二人所能主持轉移此大氣運者，則在其方寸之地之一心。此方寸之地之一心，何以有此力量？則因有某一種學養而致然。此一種學養，往古聖人已創闢端倪，待我們來發揚光大。萬世太平之基，須在此一二人方寸之地之心上建築起。若專講氣數命運，兩眼只向外看，回頭忘失了此心，則氣數命運一切也無從推算了。當知由天道講，性本於命。由人道講，則命本於性。因此發揚至善之性，便可創立太平之運。又當知，由天道講，則數生於氣。由人道講，則氣轉於數。因此積微成著，由集義可以養浩然之氣，由一二人之心，可以主宰世運，代天行道了。

現在讓我們姑為中華民族國家前途一推其命運。若論命，我中華國家民族，顯然是一長生好命，後福無窮的。若論運，則五十年一小變，一百年一大變，這最近一百年來，我中華國家民族，正走進了一步大惡運。此惡運則交在中西兩大文化之相沖相尅上。但論運，指遭遇言。論命，指格局言。我中華國家民族，顯然是一大格局。當知天下無運不成命，無命也不成運。當前的大危機，則在大家都太注重在目前的行運上，而忽忘了本身的八字大格局。你自己八字忘了，下面的一步運，誰也無法來推算。

七

現在我再將氣運二字，聯結來談一談。當知氣由積而運，氣雖極微，但積至某程度、某數量，則可以發生一種大運動。而此種運動之力量，其大無比，無可遏逆。故氣雖易動，卻必待於數之積。命雖有定，卻可待於運之轉。

氣如何積？運如何轉？其機括在於以氣召氣，所謂同聲相應，同氣相求，雲從龍，風從虎，聖人作而萬物覩。又說：和氣致祥，乖氣致戾。和順積中而華英外發，一人有慶，萬民賴之。氣與氣相感召，由極微處開始，而可以扭轉大世運。但正因為氣極微而能動，又易於互相感召，所以少數能轉動了多數。但一到多數勢長，淹沒了少數，此少數人便失卻其主宰與斡旋之勢，而氣運又另向反面轉。若我們認以少數轉動多數者為一種斡旋，為一種逆轉，則由多數來淹沒少數者乃一種墮退，乃一種順轉。墮退是一種隨順，為陰柔之氣，斡旋是一種健進，為陽剛之氣。但物極必反，貞下可以起元，而亢陽必然有悔。如是則一陰一陽，運轉不已。天道無終極，而人道也永不能懈怠。所以說：「天行健，君子以自強不息。」

中國人因於此一種氣運觀念之深入人心，所以懂得不居故常，與時消息，得意得勢不自滿，失意失勢不自餒。朝惕夕厲，居安思危，如臨深淵，如履薄冰，一刻也不鬆懈，一步也不怠慢。中國人因於此一種氣運觀念之深入人心，所以又懂得見微知著，所謂月暈而風，礎潤而雨，一葉落而知秋，履霜堅冰至，君子見幾而作，不俟終日。把握得機會，勇於創始，敢作敢為，撥亂返治，常自乎一二人之心之所向，而潛移默化，不大聲以色。中國人因於此一種氣運觀念之深入人心，所以又懂得反而求諸己。或出或處，或默或語，只要把握得樞機，便可以動天地。所謂樞機，則只在他自己之一言一行。若此一言一行，只要感召到另一人，二人同心，其利斷金，便可以無往而不利。所以每當歷史上遇到大擾動，大混亂，便有那些隱居獨善之士，退在一角落，穩握樞機，來斡旋那氣運。中國人因於此一種氣運觀念之深入人心，所以又懂得遇窮思變。所謂「窮則變，變則通，通則久。」變通者，趣時者也。又說：「通變之謂事。通其變，使民不倦。」孔子聖之時者也，則正為他知變。他雖處周末衰世，他決然預知天之未將喪斯文。所以中國人傳統觀念中之聖人，則必然是應運而生的。應運而生，便即是應變而生了。

猶憶我童時讀《三國演義》，開卷便說：「天下一治一亂，合久必分，分久必合。」那些話。當時有一位老師指點我，說這些只是中國人舊觀念，當知如今歐洲英法諸邦，他們一盛便不會衰，一治便不會亂，我們該好好學他們。在那時，我這位老師，正代表著一群所謂新智識開明分子的新見解。好像由他看來，英法諸邦的太陽，一到中天，便再不會向西，將老停在那裏。但曾幾何時，不到五十年，連接第一第二次世界大戰，英法諸邦也正在轉運了。於是五十一年後的今天，我纔敢提出中國人的傳統老觀念「氣運」兩字，來向諸位作此一番的演講。

但所謂氣運，並不是一種命定論。只是說宇宙乃及人生，有此一套好像是循環往復的變化。宇宙人生則永遠地在變，但所變也有一規律、一限度，於是好像又變回到老樣子來了。其實那裏是老樣子。但儘管花樣翻新，總還是有限。因此我們可以把它來歸納成幾個籠統的大形式。譬如女子服裝，由窄袖變寬袖，再由寬袖變窄袖，由長裙變短裙，再由短裙變長裙般。宇宙人生一切變化，也可作如是觀。即如上述，由漸變形生出驟變，由量變形生出質變，由少數轉動了多數，又由多數淹沒了少數，由下坡走向上坡，又由上坡轉向下坡。宇宙人事之變，其實也不出此幾套。

從前西方的歷史家，他們觀察世變，好從一條線儘向前推，再不留絲毫轉身之餘地。如黑格爾歷史哲學，他認為人類文明，如太陽升天般，由東直向西。因此最先最低級者是中國，稍西稍升如印度，如波斯，再轉西到希臘，到羅馬，西方文明自然優過東方，最後則到日耳曼民族，那就登峰造極了。他不知中國《易經》六十四卦，〈既濟〉之後，又續上一〈未濟〉，〈未濟〉是六十四卦之最後一卦，縱使日耳曼民族如黑格爾所說，是世界各民族中之最優秀民族，全世界人類文明，到他們手裏，纔登峰造極。但登峰造極了，仍還有宇宙，仍還有人生，不能說宇宙人生待到日耳曼民族出現，便走上了絕境，陷入於死局呀。

接著黑格爾，來了馬克思，他認為全世界人類文化，由奴隸社會轉進到封建，由封建社會轉進到資本主義，再由資本主義的社會轉進到共產。但共產社會來到，也如黑格爾的歷史哲學一般，宇宙走上了絕境，人生陷入於死局了。儻使此後再有另一種新社會出現，豈不是他的唯物史觀階級鬥爭的理論，便會全部推翻嗎？即使沒有另一種新社會出現，但共產社會既已無階級，無鬥爭，那時人類社會再不向前走一步，地老天荒，永是那樣子，那時馬克思復生，豈不也會悶死嗎？

最近西方一輩文化史學者，纔懂改變看法，也想籀繹出幾條大原則，描繪出幾套大形式，來講世界各民族文化興衰的幾條大路向。換言之，他們的歷史看法，是像逐漸地接近了中國人傳統的氣運觀。但他們總還是愛執著，愛具體，不能超然燕觀，不能超乎象外，因此他們總會帶有幾許悲觀氣氛，好像一民族、一文化，衰了，便完了，仍沒有轉身。

中國人的氣運觀，是極抽象的，雖說有憂患，卻不是悲觀。懂得了天運，正好盡人力。來燮理，來斡旋。方其全盛，知道它將衰，便該有保泰持盈的道理。方其極衰，知道有轉機，便該有處困居危的道理。這其間，有可知，但也有不可知。有天心，但同時也可有人力。所以說天下興亡，匹夫有責。天下之大，而至於其興其亡，繫於苞桑之際。正如一木何以支大廈，一葦何以障狂瀾，而究竟匹夫有責，所以風雨如晦，雞鳴不已。魯陽揮戈，落日為之徘徊。那是中國人的氣運觀。

總結語

上面四番講演，在我的用心，只是想根據通俗一般觀點，來闡述中國的全部思想史。但此事談何容易，我只就我所知，聊加發揮。我總希望，如我上面所講，決不是我一個人單獨要如此講，乃是中國一般人，連不識字無知識人，都長久在如此講。為何一般不識字無知識人都長久在如此講？此乃文化積業，向來思想傳統，從古到今的大思想家都在如此講，因而影響到一般不識字無知識人也都如此講。我只想把在上的傳統思想和在下的通俗思想會通起來講。我究竟認識了傳統思想沒有？我究竟瞭解了通俗思想沒有？我究竟能把這兩條思想路線會通起來沒有？這是我自己個人學力問題，我無能力批評我自己，只有留待別人來批評。

但若我所講，縱說是成功了，所謂中國思想，究竟該和外面其他民族別人家思想做一比較，異同何在？優劣何在？得失又何在？我們絕對不該採關門主義，自尊自大，坐地為王。認為中國思想即已把握了宇宙人生一切的真理。在外面，即就近代西方歐美人思想言，他們有宗教，有科學，有大資本，有新武器。我們宗教是衰落了，科學是未發達，又窮又弱，樣樣不如人。我們那能自尊自大，坐地稱王呢？但我總還是一個我，衣服髒了，我該洗。東西上蒙了塵，該拂拭。埋藏在我們心坎深處那一些文化積業，思想傳統，我們也該從頭再認識一番。垢刮磨光，釋回增美，是我們該下的工夫。我們今天的使命，是一個文化的使命，是一個思想的使命。文化思想是社會大眾之共業，我們該認識社會，接近大眾，承繼傳統，把握現實。我們該全盤計畫，我們該從根救起，該迎頭趕上。我們必須求瞭解，求發揮，求充實，求改進。諸位先生，如何看，如何做，請指教。

中國思想通俗講話補篇

民國六十八年本擬重印此書特撰補篇一文，內分八題，因故未付印。七十六年又檢拾歷年隨筆劄記十二條附后，合成此文。

中國文言與白話，即所謂語言與文字，有分別。亦可謂雅俗之分。此為中國傳統文化中一特別之處，為其他民族所無。

但文言即從白話來，白話中亦保有很多的文言，兩者間有可分有不可分。近代國人盛唱白話通俗，對文言古雅則深加鄙棄，把本該相通的兩項，過分分別了，其流害即今可見，此下更難具體詳說。

本書所收四篇講演，乃就通俗白話中選出四辭，發明其由來。乃係從極深古典中，寓有極為文雅之精旨妙義，而竟成為通俗之白話。此亦中國傳統文化之最為特優極出處。當時限於時間規定，僅講述此四題。其他可資發揮者，隨拾皆是。今值此書重印，姑續申述數則如下。讀者因此推思，則五千年傳統文化，亦可謂即在我們當前之日常口語中，甚深而極淺，甚古而極新，活潑潑地呈現。從當前新處去悟，卻仍在舊處生根。俯仰今古，有不知其手之舞之足之蹈之之樂矣。

(一)自然

「自然」二字，乃道家語，謂其自己如此，即是天然這樣。這是中國道家誦述最所貴重的。又稱之為「真」。儒家則稱之曰「誠」。不虛偽，不造作，人生該重。儒家所言之性命，便是此義。人為則成一「偽」字，便無意義價值可言。但西方人則最重人為，科學即是一例。今吾國人乃稱西方科學為自然科學，不知西方科學是要戰勝自然，克服自然的，與中國人尊重自然因仍自然者大不同。

即如電燈、自來水，那都是不自然的。自然中有電有水，西方人運用來作電燈、自來水，那是反自然的。中國古人，在庭院中掘一井，用來汲水，較之出至門外河流中取水，方便多了。有人又發明了桔槔，可把井中水上提，省力多了。但莊周書中加以反對，說運使機械，則易起機心。機心生，則人道失真，一切便不自然了。

今日國人誤用此「自然」二字，稱西方科學為自然科學，於是遂誤會中國科學亦源起於道家。其實道家前之墨家，豈不早已有了極深的科學造詣與運用了嗎？今謂中國科學起於道家，即與中國學術思想史便有了大相違背處。流弊所及，便難詳言了。

(二)自由

「自由」二字，亦中國人所常用，與自然二字相承而來。乃謂一切由他自己，便就是自然如此了。因中國人重自然，故亦重自由。儒家所講一切大道理，其實都即是天命之性，每一人自然如此的，亦即是由他自己的，所以又說自由自在。由他自己，則他自己存在，故說自由自在了。

近代國人爭尚自由，乃百年來事。然百年來之中國社會情景，則日失其自在。不自在，又烏得有自由。此一端，可證近代國人所爭尚之自由，乃與中國傳統自由自在之自由大異其趣了。此因近代自由乃競向外面人群中求，而中國傳統之自由，則每從人群中退隱一旁，向自己內裏求。各自之自由，即各人內在之心性。今人言自由，則指對外之行為與事業言。孔子曰：「道之不行，我知之矣。」是對外不自由，孔子亦自知之。又曰：「七十而從心所欲不逾矩。」則其對自己內在之一心，固已獲得其極端圓滿之自由矣。故孔子為中國之至聖先師，逝世已兩千五百年，而其當生之存心為人，則至今尚宛然如在。

故中國人言自由主在內，在心性之修養。不貴在外，為權力之爭取。今人則一意向外，只要外面有一罅縫可鑽，即認為乃一己自由所在，肆其性情，盡力爭取，求變求新，無所不用其極。

而各人之本來面目，則全已失去，渺不復存。亦不知在此上作計較。如此則僅知有外在之自由，即不再知有內在之人格。人格失去，復何自由可言。

西方人無不向外爭自由，而亦終至失去其己身之存在。如希臘、羅馬，乃及現代國家，無不皆然。而中國則自由自在，五千年來，依然一中國。故中國俗語，「自由自在」兩語連用，涵義深長，實堪玩味。

今縱謂人生可分內外，但內在者總是主，外在者僅是客。失去其內在，則一切外在當無意義價值可言。則又何必儘向外面去爭取呢？

中國人又言「自得」。《中庸》言：「素富貴行乎富貴，素貧賤行乎貧賤，素患難行乎患難，素夷狄行乎夷狄。君子素位而行，無入而不自得。」把人處境分作貧賤、富貴、患難、夷狄四項，實即上述所謂人生之外面。每一境必有一處置，處置當，即可有得。得之由己，亦得於己，故謂自得。然則人各可自由自得，非他人與環境之可限。

又有「自作」、「自取」，不是好字眼。「自取其咎」、「自作自受」，都是要不得事。又如說「自討沒趣」，與「自求多福」大不同。求貴求之己，討則討於人。乞之其鄰而與之，雖非自取，亦要不得。至如「殺身成仁」、「捨生取義」，此等「成」，此等「取」，則屬自由自在之自得。不在外面，不在別人，此即素患難行乎患難之大節操，大自由。

亦有「自譴自責」、「自認己失」、「自悔自改」，此皆其人之能自新處。人能自新其德，則「苟日新，日日新，又日新」，此又是一大自由。自由、自在、自得，不關他人。

今人則外面受形勢之引誘，又受權力之制裁，故其自由最多亦僅能在外面權力與法律之制裁下，獲取其身外者。而其主要內心方面，則已失去，渺不可得。尚何爭取之足云。

(三)人物

「人物」二字，亦成為中國之通俗白話了。但人是人，物是物，為何連稱人物，這裏又有甚深妙義，可惜今人不加深求。

其實「物」字乃是一模樣，可作其他之模範代表。「物」字「模」字，聲相近，義亦通。如「勿」字「莫」字，亦聲相近義相通。「物」字一旁從「勿」，乃一面旗，旗上畫一牛，正如西方人之所謂圖騰。圖騰即是其一群人之代表。有一人，可與其他人團體中一些人有分別，又可作自己團體中其他人之代表，則可稱之為「人物」。如孔子，與一般中國人有不同，而又可作一般中國人之代表，孔子遂成為中國一大人物。

中國人又稱「人格」。其實此「格」字，即如物字，亦模樣義。與人相互分別，而又可在相別中作代表，作一模樣，那即是其人格了。俗語又稱「性格」、「品格」，與西方法律上之人格義大不同。

中國四書《大學》篇中連用「格物」二字。物是一名詞，而「格」字則借為一動詞用。我們做人該知有一榜樣，真認識這一榜樣，則其他自迎刃而解。故曰：「致知在格物。」又曰：「物格而知至。」我們能知孔子是我們中國人一榜樣，那豈不知道了做人道理了嗎？做一孝子，必該先知一榜樣。做一忠臣，亦該先知一榜樣。做一聖賢，仍該先知一榜樣。孔子之「學而時習之」，這一「習」字，便似格物之「格」字了。孔子十有五而志於學，三十而立，立便是完成了格的初步。

朱子注《大學》說：「物猶事也。」孝、弟、忠、信都屬事，都該知有一榜樣。即是都有一格。能合格了，便是通了做人的道理。

今人學業成績，定六十分為及格。明得此格字，便可明得人物之物字。可見中國道理應從中國之語言文字上悟入。

學業成績有優等與劣等，有及格與不及格。而今人又盛呼平等。若人盡平等，則與中國俗語人格之義大相違背。故中國人又稱「人品」，稱「品格」。若人果平等，則何品格可言。

四 心血

一

中國人「心血」二字連言。論其深義，亦可謂致廣大而盡精微，極高明而道中庸。人人所易知，亦人人所難通。

西方人言身體生理，特以腦為全身之主宰，亦主一身與其四圍之交通。

中國人言「心」，則超腦而上之。

腦仍是身體中一器官，心則融乎全身，又超乎身外。心為身君，乃一抽象名詞，而非具體可指。

「血」則貫注全身，而為一身生命之根本。如腦部受傷，不見不聞，無知覺、無記憶，但其人之生命仍可存在。血脈流通一停止，其生命即告死亡。

西方人重主宰，重權力，則腦之地位為高。

中國人重存在，重根本，則血其最要。

又且血只在身內，不涉身外，中國人認為此乃生命之本。腦則僅是生命中一個體，而心則通於全生命而為其主。

兼心血而言，則一本相通，而又無個體之分別，此實中國人生大道理所在。

二

中國人又言「血統」。中國為一氏族社會，氏族即血統所成。

余嘗論中國有政統與道統，而道統尤重。

中國五千年文化傳統，有政統亂於上而道統猶存於下。如秦滅六國，非由秦人統一中國，乃由中國人自臻於統一。秦二世而亡，而中國人之統一則仍繼續。此乃中國人建立了中國，非由中國來產生出中國人。

故中國而夷狄則夷狄之，夷狄而中國則中國之。若中國人不遵中國人道理，則亦可認為非中國人。

故道統必尤尊於政統。中國人則該是一中國人，此乃道統血統之統一。「心血」兩字連用，可顯其義。

三

故讀中國史，政治統一之治安時代，固當注意，而政治分裂或變亂時代，亦值同樣注意，或當更加注意。

如魏晉南北朝，如五代，如遼、金、元及清代，中國可謂已失其常，而中國人則仍為一中國人，依然未變未失，血統道統猶然。中國人之心血，能歷五千年而長存。

論及最近七十年之中華民國史，則又政治變亂分裂，已無一政統之存在。而社會則日益擴展，其在海外者，有臺灣人，香港人，新加坡人，其他散入亞洲各地乃及美、歐、非、澳各洲，至少亦得五千萬人。

論其血，則同屬中國人血統。

論其心，則亦全不忘其同為一中國人。

然而流亡離散，則亦無可諱言。

如求其能團結一致，則非認識做一中國人之共同標準不可，主要在從道統上求，當從歷史求之。

四

中國人又言「心胸」、「心腹」。大陸乃中國人之心腹，歷史則當為中國人之心胸。

中國人又言「人心」、「道心」。道心則有統。所謂道統，亦即中國人之文化傳統。非兼中國人之心與血言，則此統不可得。

中國人又言「心情」、「性情」，又言「血心」、「血性」，但絕不言「血情」，可證俗語極涵深義。

人之有心，乃始有情。人之有情，乃始得稱為人。

血則貫注於全身，僅屬肉體中物，與情不同。情可交於身外，故必言心。

今人以「無情」、「薄情」稱為冷血，「多情」、「深情」稱為熱血。其實血不關情，冷血熱血兩語，實指心言，亦可謂俗不傷雅。惟單稱情感或感情，感必由心，而非僅由血，此亦可知。

五

故為一合格之中國人，理想之中國人，則必有血有情。

而血與情則統於心。心則統於道。如是之謂「通天人、合內外」。

俗又言「血仇」、「血債」，亦指其深入人心。又言「一針見血」，正貴其見到深處活處。故必心血兼言，乃見人生之落實，與其深到。頭腦則僅是一器官，一機械。

今世則貴電腦與機器人，無情無血，則高出人生，乃為近代人生所想望而莫及矣。世運如此，乃何可言。

(五) 味道

中國俗語又常「情味」兼言，有情始有道，又言「味道」。《中庸》云：「人莫不飲食，鮮能知味。」飲食亦人生一道。孔子之飯疏食飲水，顏子之一簞食，一瓢飲，其中皆有道，故亦皆有味。常人飲以解渴，食以解饑，不知其中有道，故《中庸》說其不知味。

俗言又稱「滋味」。滋有滋潤、滋生、滋長、滋養義。人生必有長有養，有餘不盡。其功在飲食，即為長養。若專以飲食為求味，此即不知味，不知道。惟孔子顏淵能知飲食之道，斯乃有味有樂可言。其樂深長，又稱樂味無窮。

俗語又稱「趣味」，或稱「興味」。今人又常稱「興趣」。興趣皆須有味，始能有餘，長存而無窮，耐人回味。今人每求盡興盡趣，盡則不堪回味，那又失之。

中國俗語中此一「味」字，真是大堪深味，亦可尋味無窮矣。能知其人其事之有味無味，此真中國人一番大道理，亦可稱是一項大哲學。

中國人又稱「五味」。鹹乃常味，酸與辣多刺激，甜味則多得人愛好，苦味飲膳少用。忠言逆耳利於行，良藥苦口利於病。苦勸苦諫，苦口婆心，亦見用心之苦。一片苦心，苦學苦讀，苦修苦練，苦下工夫，苦行苦守，苦幹苦撐，苦熬苦嚥，堅苦卓絕，吃得苦中苦，方為人上人，人生中乃有此一道苦味，苦盡甘來。對人讚美道謝，則連稱辛苦。辛苦亦人生大道，此一道，乃為其他民族所不知。

佛法東來，大慈大悲，救苦救難，人海乃如苦海之無邊，佛法亦普渡而無邊，則亦大異於中國人生之有此一苦味之存在矣。

俗語又稱「吃苦頭」。可見苦自有頭，樂則無窮。但又必甘苦兼言，苦樂兼言。執其兩端用其中於民。今日國人則惟知求樂，不懂吃苦。只認正面，不認反面。只許進，不許退。只要新，不要舊。只向外，不向內。只說西，不說東。只執一端，不執兩端。一切東西就會不成東西，一切味道也就會沒有味道，這又何苦呢？

中國人又稱「品味」。如品茶品酒，茶酒皆有味，故可品。不入味，則不登品。凡物皆然，故稱物品。斯知物亦各有其味矣。人之一身，及其面部，以及其所居之室，皆可加以裝飾品。則凡所裝飾，皆可玩味。就其人日常親接之物，亦可見其人之品味矣。

中國人又稱「體味」。不僅口舌，還須心賞，始得此味。胃腸不消化，則口舌無味，可證物品物味皆從人之品味中來。即觀其人所品味，可知其自身本體之品味。

今人乃言批評。批評亦一種分等分品之義。如獄官批判罪人，即依法分判其人之有罪無罪，以及罪之大小。今人言批評，則必批評他人之短處失處。實則其所批評，亦憑其己見。凡其所見，則都在他人之短處失處，斯亦可見其人生之無品而乏味矣。

中國人又連言「情味」，味淡乃見情深。故君子之交淡若水，小人之交甘如醴。今人則惟有濃味乃謂情深。最近有一學校教師，求愛於其一女同事，不得，乃殺之。法官判其罪，謂其情深，僅得徒刑。又有人連殺其親生之父母，法官謂其有神經病，亦不判死刑。今世之民主政治，僅重法治，人生惟知有法律，宜可謂乃無情味可言。

中國人又稱「韻味」。韻者，聲之餘。中國人貴有餘，亦貴餘味。但又貴知足，又稱夠味。足指當下言，餘指往後言。如歌唱，既須夠味，又得有餘味，須能回味無窮，回味不盡，不要不足。此是中國人生理想中一妙境，一佳味。故中國人言盡心盡力，實則心力永遠用不盡。今人則求盡歡盡興，盡了則不歡，沒興了。生之盡，則死亡隨之。故人生必求有後，乃得有餘而不盡。就其個人生命言，則生而至足，乃為一完人。完人者，乃完其天命之性。天命之性則雖死而不盡。如孔子，乃使後世人追味無窮。亦可謂人莫不有生，茍不知其生之有性，則亦鮮知其味矣。

中國人又稱「有鮮味」。北方陸地，人喜食羊。南方多水，人喜食魚。合此羊字魚字，成一鮮字。然魚與羊，人所共嗜，未能餐餐皆備，於是鮮字又引申為鮮少義。但美字養字善字，則皆從羊，不從魚。此或造字始於北方，此不詳論。今日國人則盡慕西化，必以牛肉為最佳食品。然四千年來之語言文字，則不能盡改。而生為中國人，又不能不講中國話，不能不識中國字。縱覺中國語言文字之乏味，而終亦無奈何。此當亦為今日中國人生中一苦味，又當如何期其苦盡之甘來，則亦無可深言。

又中國人常連言「笑罵」。諺云：「笑罵由人笑罵，好官我自為之。」笑本代表喜，罵則代表怒，哭代表哀，歌代表樂。故曰喜怒無端，笑罵無常。今喜字加了女旁，則嬉笑非喜笑，嬉皮笑臉非喜臉。一笑置之非喜意。笑裏藏刀又非好笑。使人欲笑不得，而又有苦笑。中國一「苦」字中，有多少人性味存在，則誠欲索解人不得矣。

又按人生面部耳聽、目視、鼻嗅、口食，外接聲、色、氣、味四項。俗稱「味道」，惟「味」乃有「道」，其他聲、色、氣三須，皆不言「道」。疑目視耳聽，其與聲色相接，顯分內外。鼻嗅之氣，或可直進胸腔，但氣自氣，體自體，非各有變。惟口食，則所食皆化而為己有。故惟味，乃可繼之曰道。至於氣，俗亦稱氣味，下連一味字，卻不如味之可連一道字。但聲色則又與氣味不同，稱聲音色彩，更無連用字。則聲、色、氣三字，豈不明有三別，而皆與味不同，其別亦自可見矣。孟子曰：「食色性也。」此色字則又與聲色之色有辨。

(六) 方法

一

今人好言「方法」。實則中國人言方法，即猶言規矩。孟子說：「規矩，方圓之至矣。」非方則不成矩，是亦不足為法矣。惟儒家好言方，《易傳・乾卦》言：「直方大。」人生在直，若有彎曲，仍須直，如是則成一曲。故兩直相遇，乃成一方。方形有四角，乃成四曲四直。故有大方之家，又有一曲之士。其形成方，始可為法。一曲亦可自守，故仍得稱為士。

天道圓，地道方。中國儒家好言人道，即人文，近於地道之方。而莊老道家言天道，即自然，近於圓。佛教東來，亦好言圓。但佛家既言圓通，又言方便。方又兼平義，故又稱平方，又稱方正。故方亦兼平正義。便則本是便僻，乃邪而不正義。人生中乃有許多不便處，如大便小便，均須避開人，去私處。便既須擇一私處，亦稱方便。因方在偏隅處，而其偏隅則共有四處，故稱四方，亦稱方便。

人行之道亦可分「正道」、「偏道」，「偏道」即「便道」。又分「大道」、「小道」。君子行不由徑，徑則只是一小道、便道。如留客吃飯，謙言便飯，即非正式宴請。如便衣，亦非正式出客之禮服。託便人帶信，此非正式派遣，容有不便處，遂有洪喬之誤。更有便宜，中國人貴信義通商，只可獲小利，不當牟大利，小利也得稱便宜，即見有不便不宜處。故又稱貪便宜，也只得貪小便宜，不得貪大便宜。今人則稱便利，亦自有不便不利處。總之「便」即含有不正處。

中國人又稱「方術」。術只是一條路，但此非大道通路。中國傳統學術，共分經、史、子、集四部分，道路各有分別，但綜合會通則共成一大道。如醫生為一病人開藥方，亦必各有分別，非可人人通用。只是對症下藥，只某些人可用，故稱藥方。如是而言，方略方策，這一些策略，亦只寓特殊性，非即普遍大同性。俗又言方針，亦只針對一端一方而言。如稱方向，則東西南北共四方，所向只其一方。子貢方人，孔子曰：「夫我則不暇。」孔子只言人生大道，那些有關他人的小處，孔子就不去加以批評了。

方指空間言，亦可指時間言。如云「方今」、「方興未艾」，方亦只是當前之一時。莊周言：「方可方不可，方不可方可。」時間如此，空間亦如此。大方則時時處處皆然，故人人可得以為法。《詩》云：「定之方中。」便見有不方中處。方中乃僅指一刻一隅言，過了此刻此隅，便不見有定了。

為人子止於孝，為人父止於慈。子方乃見有孝，父方乃見有慈。所謂止，便兼有變動無止之義。舉一隅，貴以三隅反。人道有萬方，亦有萬法。人生之道於變動中求停止，必知此義。

又如「方言」，亦只僅可通行於一方。而大雅則可通行於四方，即其大全處。故大方乃可貴。但中國人又稱「方外」。位有定，而方外則不可定。要之，方亦只是一具體字，非一抽象字，此義不可不知。

又中國寫字稱書法，演劇亦稱戲法，凡此等「法」，皆涵規矩法則義，故亦稱法規法則。是法亦猶規則，又如言法律。在音樂中亦有五聲六律，此律亦即音樂中之規矩法則。今西方人言技巧，乃在科學界之機械變動中。而國人乃以方法二字當之，則涵義差失太遠矣。

二

方者，集四隅為一方，有空間靜定義。法者，水流和平向下，不潰決，不枯竭，永是如此，兼有時間流動義。故中國人稱「方法」，乃一標準模範，處處如是，時時如是。乃如水流之平勻穩定，時常流行。故中國人稱方法，實是一種道義。今人稱方法，乃是一種手段或技巧。果使手段技巧而能進乎道，乃始成為方法。為學做人皆當有方法，但方法異於技巧。技巧乃手段造作，非道義功夫。其間有大不同，不可不辨。

中國古人稱「大方之家」，今猶稱「方家」。一曲一隅不成方，其曲其隅必可推而通乃成方。

今稱專家，則專指一隅。縱其極有技巧，儻不能推而廣之，通於他家，則又何得成為方。子在川上曰：「逝者如斯夫，不捨晝夜。」水流之去，須時時去，不停不變，乃為法。偶一停止不再流，偶一潰決成橫流，皆不得成法。

故專尚技巧之方法，必成為變亂世。必尚道義之方法，乃成為治平世。中國廣土眾民五千年文化大傳統，乃有其方法可尋，而非技巧之所得預。史蹟具體即可徵。

(七)平安

中國人最重「平安」。宋儒胡安定，讀書泰山棲真觀，得家書封面有平安二字，即不開閱，投書觀外澗中。此見平安之可貴。既得平安，又何他求。

今先言「安」字。女性居家室中謂安，非閉戶不許出，乃其心地自安。居之而安，俗稱「安然」。又稱「安貧樂道」、「安居樂業」。又稱「安分守己」，只此一分，便可安可守。故中國人居家對長上，朝夕請安。西方人則道好。「好」與「安」不同，好在外有條件，安在心可無條件。又稱「安定」、「安寧」、「安康」、「安祥」，只此心得安，便定、便寧、便康、便祥。又稱「安之若素」，素即平義，今人言平素。《中庸》言：「素富貴行乎富貴，素貧賤行乎貧賤，素患難行乎患難，素夷狄行乎夷狄。」素即日常生活，更無其他鉤搭牽掛，亦稱平居。俗又稱平素，不增添，不加夾，故稱素。日常如此，亦當安之若素。平素常素亦稱平常。能有常，便可安。變則心不安，故須能處變如常。縱使增加了種種花樣，亦若平居之素。

素又有空白義，一切繪畫皆畫在白紙上。飲食不加味料是謂素食。人生亦當居心在平空平白處。今人稱平等，「等」謂其相類似。一切相類似，則一空二白，更無差異處。如此始能反己自得，但實際亦仍是平常人，平常事。若定要出類拔萃，定要加進了些什麼，與人不相似，那便不是一平常人，實際亦將無所得。故必有所得，始稱平常。

要做得一平人，其心先得平。要做得一常人，其心須先有常。知平知常，便是一切花樣都化去了，空白如一張素紙。其心如此，始得安。貧賤、富貴、患難、夷狄，實都無分別，等如無花樣，那其心自安。居在家室內，與出在家室外，究竟有什麼兩樣呢？只因此心不安，乃至花樣百出。但古今中外，人與人，生與生，論其大體，皆來自天，又究竟有什麼兩樣呢？貴能視人如天，一視同仁，那就平了安了。

中國道家言人生，先要把人心弄得一空二白。儒家言人生，先要把人心弄得平平安安。俗稱「平空」、「平白」，則已會通儒道而一之。中國人又稱「平淡」、「平和」。「和」字易懂，「淡」字難懂。君子坦蕩蕩，小人長戚戚。戚戚即是不淡不和義。但人又有至親至戚，那能處親戚亦淡然呢？這裏又該有深義。當知人性中有孝、弟、忠、信，能淡然出之，則雖驚天地而泣鬼神，此心亦若平安無事。此處則須學。孔子曰：「十室之邑，必有忠信如丘者焉，不如丘之好學也。」但孟子則曰：「彼人也，我人也，彼能是，我何為不能是，我何畏彼哉。」主要亦在學，此心即平安。又曰：「平易近人。」「君子居易以俟命，小人行險以徼倖。」則平安非難，貴能安居而已。今人則必以不平之心，創為非常之事，則終其生而不得安，亦固其宜。

中國人又稱安步當車，平步登天。如何安步？如何平步？此中皆大有講究。能知人生之一切皆平，一切可安，自能平步安步。畢生平安，就在此一步上。又曰「治安」、「治平」。子在川上曰：「逝者如斯夫。」能知水流之治，斯亦知人生之得其平安矣。此「治」字則須求之雅言，而俗語未之及。

《詩》又言：「從容中道。」人能見善則從，見惡則容，斯一從一容，則無不中道矣。人之能從容，即象其平安。今人則不肯從而必違，不肯容而必拒，一違一拒，又何平安之可言。

(八) 消化

「消化」二字，連成一語，人人能言，老幼皆知。但若分作兩字來作解釋，則涵義深遠，亦可由此以明天人之際，通古今之變矣。

食物進口，投入胃腸，即消散、消耗、消亡，不復有其原形之存在，由是以營養全身，由臭腐化而為神奇，復由神奇化而為臭腐，由大小便中排洩以出。民以食為天，而其消其化，則在人之陽胃。其先為食物，後化為非食物，此非可以明天人之際，通古今之變乎？而即在人人反身而求，當下可得。

然雖人人同有此陽胃，乃人人各不知此陽胃之何以消，何以化。是則消化功能雖在人，仍屬天，此之謂「一天人」。內之如當身，外之如不知幾何百萬年前，自有人類即如此，是謂「合內外」。非一天人而合內外，亦無以明天人之際，與通古今之變。

又有「消息」二字，其義亦同樣深遠。息者從自從心，有生息義，有息養義。即如呼吸，一出一入，一去一來，亦如一種消化，乃為一種消息。然孰知息之必待於消，又孰知消之即成為息。死生存亡，成敗得失，吾道則一以貫之矣。

《易傳》言：「一陰一陽之謂道。」但易卦先〈乾〉後〈坤〉。濂溪〈太極圖說〉亦謂：「太極動而生陽，動極而靜，靜而生陰，一動一靜，互為其根。」則言天道必先陽。又曰：「主靜立人極。」則言人道仍先陰。化與息應屬陽，消則屬陰。消化、消息，亦皆先陰。又言變化，言休息。《中庸》言：「動則變，變則化。」一日三餐即其變，無變又何來有化。休，停止義。然一呼一吸，決不能停止。《大學》言：「知止而後能定，定而後能靜，靜而後能安，安而後能慮，慮而後能得。」則止非真止，靜非真靜。終始連言，亦先終後始。此猶言消化、消息。

「消」之反面為「積」。荀子最好言積。孟子則言養，曰：「我善養吾浩然之氣。」養則有化、有息。氣亦可言氣化、氣息，中國儒學傳統荀終不如孟。道家莊、老多言消滅義，不言增積義。《中庸》、《易傳》會通儒道，而消損義則決不下於增益義。今人好言積極，不好言消極，斯與吾文化大統必有所背矣。

今人又以閱讀報章新聞謂「打聽消息」，此語大有意思。如當前美蘇裁止核武談判，豈非舉世一大新聞。然必當知其中何些當消，何些當息，何些可消，何些可息。此會議已歷有年數，本屆已屬第三次，以前消息如何，約略推想以下消息。中國人言鑒古知今，全部二十五史，盛衰興革，亦即中國民族傳統文化之大消息。若必排除舊有，乃可開創新設，此種消息，竊恐難求。

消息在聽不在看，此亦有深義。中國人重聲音過於顏色，色必附著，聲則空靈。故中國人言聰明，聰在前，明在後，不言明聰。光色已有不同，聲光仍有不同。語言先後，高下自別。故言癡聾，不言癡盲。癡即如聾，聾即如癡。暮鼓晨鐘，乃在震其耳。天將以夫子為木鐸，鐸聲亦入耳，勝於陽光僅照眼。故言消聲匿跡，聲可消，光與色則不言消。

又如言「不聽教誨」，非不聽聞，乃不同意，不贊成，是不聽乃在心。與心不在則聽而不聞大不同。又如云「聽人擺布」、「言聽計從」，此聽皆在心。又如「百聞不如一見」。聞，指聽人言。見，乃親見之。人言不可信，與所謂耳提面命者又不同。若指耳目之官之功用，必先耳後目，繼之以口、鼻、舌，其高下輕重又可知。

中國人以口之一官，放於耳目之後，此意尤大可味。物之入口，僅以養身。聲入於耳，乃可以聽及他人之心性，以養己之心性，養德養神。故人之口與禽獸無大異，人之耳乃與禽獸大不同。孟子曰：「人之異於禽獸者幾希。」果以五官言，則必先耳後目，而後及於口。此亦自然界生命進化一重要消息。

中國人又言「不消如此」，此語尤有深義。消化、消息皆重消，但不言可消。當消必消，不消如言不需。可見消乃人生所需。又言「不屑」，不屑之教誨其義又重於不消。此皆當明得「消」字義。乃可引申明得「不消」、「不屑」義。中國人稱「不肖子」，此「肖」字亦兼涵有「化」字義。父母之於子女本具教化之責。子女於父母則不然。故父頑母嚚，亦不稱不肖。

此皆以俗語上推之雅言，而可探聽中國傳統文化中一些大好消息。今人必鄙棄雅言，提倡俗語，此一消息恐不甚好。偶舉八例，略加闡申，觸類旁通，以待讀者。

(九) 中和

《中庸》言：「天命之謂性，率性之謂道，修道之謂教。喜怒哀樂之未發謂之中，發而皆中節謂之和，致中和，天地位焉，萬物育焉。」今按：此章率性修道皆指人事言。事見於外，其蘊藏於內者則為情，即喜、怒、哀、樂、愛、惡、欲之七情是也。未發謂之中，謂其當未發時，不偏不倚，正位居中，故能發而中節。儻先有偏倚，或有宿喜，或有藏怒，則先已失中，其發亦未能有適中之和矣。此「中」字當先自有涵養工夫，故「中和」連言。非專指其藏於內，乃指其藏於內而先自有其中。

㈩事情

一

俗稱「事情」，事在心外各不相同，但事在心頭不免因事生情。情則可以大略相同。如太陽晨起晚落，此屬事。但日起日落，人心對之生情，則對朝陽可與對夕陽同。人情必相異。此人之情亦可與他人同。甚至千百年之前可與千百年之後同。中國詩人之詠朝陽夕陽，大體可證。

故事不同，而情則同。此一同處，中國人俗語稱之曰「境」。如言「境遇」、「境界」。中國人言人生，極重此一境，故又稱人生之境界。實則人生渡越此境界。如孔門顏淵，一簞食、一瓢飲，在陋巷，人不堪其憂，回也不改其樂。此見同一境，而處境之心情有不同。近人重西化好言境遇。中國人生則在此境遇中求性情。周濂溪教二程兄弟尋孔顏樂處，即指示人生重要意義重在此境遇中。當知樂處即在心情上，不在境遇上。近代人西化，務在外面境遇上求，不知在自己內部心性上求。此則中西文化大相異處。而吾國人今日已不知其辨矣。

今日世界則正在大變中，西方人向外求，到處碰壁，今始反而知改，轉向內部求。如美蘇核子談判，即其一例。又商業、經濟亦漸向內部求。如英如法，如其他各國，當前經濟亦都同向美鈔價值求，但心情內外有變，此即其一例。

二

行事表於外，必有其存於中者。當求表裏一體，非可分割以為二。俗稱事情，其中亦有甚深涵義。昧者不察，徒見其事，而不審其先自內蘊之情，則事而非事，並有適相違逆者。故《中庸》繼此即提出一「誠」字來。誠則已發未發，表裏如一。

(十一) 知識

余幼年讀《水滸傳》，而不知讀金聖歎批注，往往僅見其事，不知其情。真偽莫辨，是非不明。嗣得小學中一顧老師指點，乃知讀金聖歎批注，始恍然大悟。士先器識，而後才藝。俗又連言「知識」，知只是僅知其事，識乃識其內裏之情。內外一體，始為真識。徒求於外，則烏從而知其體。

俗又稱「相貌」，其實貌則一見便知，相則由相互比較，綜合歸納而來，實乃一種識，而非止於知。故俗又稱「識相」，但不言知相。俗又言「見識」，不言見知。一見而知，是見了便即知，言了見即不必再言知，言了知亦不必再言見。但見即知，卻未必有所識。所謂知人知面不知心，能知到其人之內心深處，乃得謂認識其人。故俗又言「認識」，卻不言認知，其中皆有深義。俗言識相，亦涵深義。若要再用白話來解釋此兩字，則誠難之又難矣。

㈡東西

俗又稱萬物曰「東西」，此承戰國諸子陰陽五行家言來。但何以不言南北，而必言東西？因南北僅方位之異，而東西則日出日沒，有生命意義寓乎其間。凡物皆有存亡成毀，故言東西，其意更切。

㈢運氣

俗又言「命運」、「運氣」。無論其為命與氣，皆有運轉不息義，又有周而復始義，故亦言「天運」。今人言運動，則大失其義。此「運動」二字，乃譯自西方語，有比較競爭義，而無周而復始義，與中國原有俗語「運」字大不同。

㈣過失

中國人論人生，最重改過遷善。「過」有空間義。凡富貴，皆當適如其分，故曰「安分守己」、「過猶不及」。儘求富，儘求貴，所得愈多，或所失乃更多。故俗語連稱「過失」。塞翁失馬，焉知非福。失不足慮，過乃可慮。

過之時間義，如過去。人之生命，不能過了便算，當好好保留。大人者，不失其赤子之心。儻過了便放棄，那真是一大過失。過去的不能儘讓它過去，未來的亦不能儘要它即來。孔子聖之時，隨時順變，務求恰到好處。此亦是一種無過不及之中節處。

俗稱「過失」、「過去」，人生不能無失無去，但可以無過。赤子時期失去了，當長大成人，並成為一大人。但赤子之心則未去未失，當善為保養，故孟子曰：「大人者，不失其赤子之心者也。」若並此而失去，則為人生一大過。

求長生，要此生永不過去，此是一過。求涅槃，要此生全不保留，此又是一過。生此世，卻一心想要進天堂，此亦是一過。過失過去，失了去了，卻有其不失不去處。故貴安貴守，又貴隨時而順變。如是如是，乃為無過。不失不去，纔是可安可守處。

叔孫豹言「不朽」，不如孔子言「後生可畏」，乃為真無過。蘧伯玉「欲寡其過而未能」，此七字須好好參尋。

㈤號令

《論語》：「巧言令色鮮矣仁。」此「令」字有俗語討人喜歡義。凡在上者令其在下者，亦必有使在下者喜歡意，故稱令。又如俗語稱令尊、令親、令郎、令愛，令字皆有可親可尊義。凡在上者令其在下，亦當使在下者對之可親可尊，故亦稱令。

又如屋簷漏水和緩，稱「泠」，暴雨急漏則不稱泠。又如「零散」、「零落」，此皆如水滴放鬆，無嚴密逼切義。凡政府定一政令，下一法令，稱為令，亦必和緩放鬆，不嚴密、不逼切。

又如發號施令，「號」亦一好字眼。如人有名有號，必佳稱，非惡稱。又如帝皇年號，皆佳稱。清代歷朝年號，如順治、康熙、雍正、乾隆、嘉慶以下皆然。歷史上各朝各代年號亦然。故稱號召，又稱口號。所謂號令，皆當如此。而豈專制帝王強其下以必從者，亦得稱為號令？

㈥職業

今俗常稱「職業」，其實此兩字乃中西文化一大分別所在。中國人重「職」，主對外，盡我為人，有職位、職名、職分諸稱。西方人重「業」，主對內，盡人為我，有事業、行業諸稱。如父慈子孝，乃言職。中國人言五倫，皆言職。若言業，則無此分別。

西方人言自由、平等、獨立，乃言各己之業。若言職，亦無此分別。故父母生子女，必當養育教誨之職。豈得自由為之子？又豈得為子者不孝其父母而與居平等之地位？又豈得各自獨立，父為父，子為子，不相關聯，不相牽涉？

即今工廠一職工，職位既定，即當守分，又烏得自由平等與獨立？為商者在群中亦一職，故中國人必言信義通商。今從西方話，只稱「商業」，決不稱「商職」，可悟此二字之相異矣。故今俗稱職業，以中國傳統言，則可謂不辭之至。

今再言「進取」與「保守」，中國人重盡職，故主保守。西方人尚商業，故重進取。又豈得謂進取者全是，而保守則全非乎。

又中國人重職，故言「職事」，不得言事職。西方人重業，故言「事業」，不得言業事。其餘類此者尚多，偶舉一例，恕不備述。

(七) 釋包

包，從手為抱，乃向內會合。從足為跑，西湖廬山皆有虎跑泉，乃向外分開。奔跑乃分開腳步，會合運使。如言同胞，言雙胞胎，乃指其合於內而分於外。從石為砲，亦指其內合而外分。咆哮，乃氣足於內而外露。從食為飽，僅指足於內。從衣為袍，則指加於外。水泡亦然。從草則含苞待放。庖廚，米麥牲禽所聚，而分別烹煮，兼容並包，容於內而包於外。但如形容容貌，容亦兼外義。

㈥釋兆

兆，從手為挑，從足為跳。兆有躍露迹象義，俗稱兆頭。春光明媚，惟桃最易透露其迹象。桃之夭夭，則以其豔放而早謝。逃則速離速去。不祧之祖，乃其祖先之永不離於祭祀者。億兆則祖先已遠，僅堪記憶，或不可計數。不如夫婦家庭鄉黨鄰里，親切而寡少。故稱兆民，亦涵遠義。

㈨釋淑

窈窕淑女，窕乃幽深封閉，而微露其迹象。叔從宀為寂，從水為淑，非波濤洶湧，而靜流細注。女性之美有如此，故稱淑女。伯仲叔季，叔當有弟道，數一數二固可，老三老四宜有未當。

㈢釋媛

媛從爰，如溫暖，又如柔緩和緩。溫柔溫和乃女性美德。如援，能助人。從冷酷中得溫暖，從緊張中得柔緩和緩。爰字作於是解，亦此義。

秦漢史

錢穆　著

你知道秦始皇如何統治龐大的帝國？焚書坑儒的真相又為何？漢帝國對外擴張遇到什麼樣的問題？重農抑商背後的事實是什麼？賓四先生以嚴謹的史學研究方法，就學術、政治及社會各層面，深入淺出地對秦漢史加以探討。不但一解秦漢史學的疑惑，更能提高讀者的眼界。

古史地理論叢

錢穆　著

本書彙集考論古代歷史、地理長短散文共二十二篇，其主要意義有二：一則以古代歷史上之異地同名來探究古代各部族遷徙之跡，從而論究其各地經濟、政治、人文進化先後之序；二為泛論中國歷史上南北兩地域經濟、政治、人文演進之古今變遷，指示出一些大綱領。要之為治歷史必通地理提示出許多顯明之事例。

中國歷史研究法

錢穆　著

本書根據賓四先生於民國五十年在香港講演之內容，記載修整而成。內容分通史、政治史、社會史、經濟史、學術史、歷史人物、歷史地理、文化史等八部分。此下三十年，賓四先生個人有關史學諸著作，大體意見悉本於此，故本書實可謂賓四先生史學見解之本源所在，亦可視為其對中國史學大綱要義之簡要敘述。

中國歷代政治得失

錢穆　著

本書提要鉤玄，專就漢、唐、宋、明、清五代治法方面，有關政府組織、百官職權、考試監察、財經賦稅、兵役義務，種種大經大法，敘述其因革演變，指陳其利害得失，要言不煩，將歷史上許多專門知識，簡化為現代國民之普通常識，實為現代知識分子所必讀。

中國歷史精神

錢穆　著

中國的歷史源遠流長，其間治亂興替，波譎雲詭，常令治史的人望洋興嘆，無從下手，讀史的人望而卻步，把握不住重點。本書作者錢穆先生，以其淵博的史學涵養，敏銳的剖析能力，將這個難題解開了，使人得窺中國歷史文化的堂奧。

黃帝

錢穆　著

司馬遷《史記》敘述中國古代史，遠始黃帝，惟百家言黃帝，何者可定為真古史，司馬遷亦難判別。然古人言黃帝亦異於神話，蓋為各種傳說之總彙，本書即以此態度寫黃帝，以黃帝為始，彙集許多故事，接言堯、舜、禹、湯、文、武、周公，一脈相傳，透過古史傳說，勾勒其不凡的生命風貌。讀者不必據此為信史，然誠可以此推考中國古史真相，一探古代聖哲之精神。

國家圖書館出版品預行編目資料

中國思想通俗講話／錢穆著.——初版一刷.——臺北市：三民，2023
　面；　公分.——（錢穆作品精萃）

ISBN 978-957-14-7389-5（精裝）
1. 中國哲學史

112　　111001089

錢穆作品精萃

中國思想通俗講話

作　　者｜錢　穆
發 行 人｜劉振強
出 版 者｜三民書局股份有限公司
地　　址｜臺北市復興北路 386 號（復北門市）
　　　　　臺北市重慶南路一段 61 號（重南門市）
電　　話｜(02)25006600
網　　址｜三民網路書店 https://www.sanmin.com.tw

出版日期｜初版一刷 2023 年 1 月
書籍編號｜S110081
I S B N｜978-957-14-7389-5

三民書局